愛する魂の冒険者たちへ

はじめに

これはとても信じられないような話なんですが、私たちは生まれる前に、「これをやりたい！」ということを決め、誓いを立てて、夢と希望に燃えて、この世に生まれてくるようなのです。

そして、この世で「それ」を思い出せると、叶えたくて、叶えたくて仕方なかった「切なる願い」が、急速に、実現へと向かうようになっている、ようなのです。

例えば、「誰かと本当に愛し、愛される関係を持ちたい」

「才能と魅力を存分に生かせるライフワーク（天職）に力を注ぎたい」

「心も体も健やかに、笑顔で暮らしたい」

「経済的にも、精神的にも、豊かでありたい」

そうした願いのすべては、今回の人生で実現できるようです。必ずできる。

あなたがお空の上で決めてきたことを、思い出すことができたなら。

僕は月刊誌『ゆほびか』の編集長をやらせてもらいながら、ライフワークとして、童話や物語を創作してきました。

　僕には5人の子どもたちがいます。子どもたちが小さかった頃、眠る前に一緒に布団に入り、小さい手を握りながら、僕が作った物語を話していると、みんな喜んで、毎日、楽しみにしてくれていました。お話しているうちに、いつの間にかすやすや眠っていた、あの手の小ささ、温かさ、確かさは忘れません。

　そして、普段、子どもたちと話していると、ときどき、「意外なこと」を教えてくれることがありました。「すごいなあ！」「僕より、ずっと魂が成長しているんじゃないか」と、ハッとさせられることも、多々あったのです。

　彼らが教えてくれた「意外なこと」をもとに、一緒にお話を創っていったこともありました。その中に「胎内記憶《たいないきおく》」をテーマにして作った話があります。

　胎内記憶というのは、子どもが生まれる前のことを覚えていて、それを話してくれるんですよね。例えば、こんな具合に。

「パパとママを選んだんだよ。ずっと、待っていたんだよ」

「ママとパパの声が聞こえたよ。パパ、『ぞうさん』歌ってたよ」

「ママに、大好き！　って言うために生まれたよ」

この胎内記憶について、医師の池川明先生に取材したことがあります。

池川先生は、胎内記憶についての大規模な調査を行っています（２００２年の調査。長野県諏訪市の保育園や幼稚園で８３８件、長野県塩尻市の保育園で７８２件など）。

池川先生は、こんな調査結果を教えてくれました。
・幼児の30％に、胎内記憶（お母さんのおなかの中にいたときの記憶）がある
・そのうち20％に、誕生記憶（生まれてきたときの記憶）がある
・そのうち20％に、中間生記憶（お空の上にいたときの記憶）がある
実は僕の子どもたちも、生まれる前の記憶を聞かせてくれたことがあります。

「お空の上でぴょんぴょん飛び跳ねていた」

「天使だった」と。

子どもたちが話してくれたエピソードをもとに書き上げたのが、この物語です。

みことちゃんの物語

あなたがお空の上で決めてきたこと

西田 普

10歳の少女が
お空の上で学んだ、
幸せに生きるための
「本当に大切なこと」

永岡書店

Episode 1

「私、あの人にママになってほしい！」

みことちゃんは、10歳の女の子です。

漫画が大好きで、絵を描くのが大好きで、ご飯とお味噌汁が大好きで、宿題が嫌いな、普通の小学生です。

でも、みことちゃんには、誰にも言えない秘密がありました。

実は、みことちゃんは、「お空の上にいる、白いヒゲのおじさん」と、内緒話ができるのです。

そして、みことちゃんは、「生まれる前のこと」を覚えているのでした。

今もときどき、みことちゃんは、自分が生まれる前のことを思い出します。

みことちゃんは生まれる前、お空の上にいたのです。

そのことを思い出すだけで、みことちゃんは胸が温かくなり、目に映る全部が、輝いて見え出すのでした。

さて、お空の上にいた時、みことちゃんは、薄いピンク色の雲の上で、ピョンピョン跳ねたり、小鳥たちや花たちとお話したりして遊んでいました。

ある時、雲の下を見ると、みことちゃんは、とてもきれいで、笑顔がステキな、大人の女の人を見つけました。

しかし、その女の人は、ときどき、どうしようもなく悲しい気持ちになって、誰にも会いたくなくて、布団の中で泣いていたのです。

みことちゃんは、女の人に、今まで何があったのかを、見ていきました。

みことちゃんは、その人の心に光を当て

ることで、過去に何があったのかや、未来に起きる可能性のある出来事が、見えるのです。

この女の人が小さかったころ。

女の人の、お父さんは、とても働き者でしたが、おうちの中ではイバリンボ。

お酒を飲んでは怒鳴っていました。

女の人の、お母さんはいつも体調がわるく、夫婦げんかばかりしていたのです。

小さい女の子が、自分も泣きたいのに、涙を一生懸命こらえながら、泣いている小さい弟を慰めている……。

そんな、この女の人の過去を見て、みこ

とちゃんの胸はズキズキ痛みました。

お空の上から、みことちゃんは、この女の人に応援を送りました。

「がんばってきたんだね。とってもえらいね！

私、あなたのこと大好き！　応援してるからね！」


やがて、女の人は、優しそうな目をした男の人と出会って、結婚しました。

「わあー！　おめでとう！　よかったねえ」

みことちゃんはうれしくて、ぴょんぴょん飛び跳ねました。

ところが、見ていると、なんだか、雲行きがあやしいのです。

男の人は、夜遅くまで帰ってきません。

とても忙しいお仕事で、徹夜でお仕事を仕上げることもあり、お家に帰ってこないことがたびたびありました。

家の中で、女の人は、ため息をついて、ときどき、いっぱい食べたりしては、吐いていました。女の人が何かのビンや錠剤を戸棚に隠していることを、みことちゃんは

Fight!!

知っていました。

この女の人を助けたい！

みことちゃんは、いてもたってもいられなくなりました。

すると、突然、白いヒゲをはやしたおじさんが目の前に現れました。びっくりしているみことちゃんに、白いヒゲのおじさんは言いました。

「みことちゃん。あの、女の人の、子どもになりたいかい？」

みことちゃんはすぐに答えます。

「うん、なりたい！

私、あの人にママになってほしい！」

すると、白いヒゲのおじさんは言いました。

「みことちゃんは、これまでの人生で、
いいことをいっぱいしてきた。
だから次は、どんなところでも、
好きなコースを選べるんだがね。
もちろん、あの女の人のところに
生まれてもいいんだけど、
大変かもしれないよ。
なぜなら、あの女の人には
〝光の使命〟がある。
そして、あの男の人もそうなんだ。

あのママとパパのところに生まれる、
みことちゃんも、
〝光の使命〟の道を
歩むことになるだろう。
大変だと思うことや、
悲しいと思うこと、
寂しいと思うこともあるかもしれない。
でも、そのことで、みことちゃんの魂は
大きく成長していくよ。
どう、覚悟はできたかな？」
「うん！　私、なんでもやるよ！
あの人が私の、ママになるのね！
わーい！」
「そう言うと思ったよ。わかった。

では、みことちゃん、この宝箱を持っていきなさい」
白いヒゲのおじさんは、光り輝く箱をいくつか並べました。

「わあ、きれい！
これ、もらっていいんですか？
もう生まれていいですか？」
みことちゃんは、うれしくなってぴょんぴょん飛び跳ねます。
「時が満ちるまで待ちなさい。
3つのプレゼントを選べるからね。
じっくり選ぶといいよ」
白いヒゲのおじさんはそう言いました。

みことちゃんは、すぐにでも飛んでいきたかったのですが、お空の上で、おじさんのOKが出るまで、待つことにしました。

「3つのプレゼント」の中身を選び終わったみことちゃんは、お空の上でブランコに乗っていました。

すると、2人の子どもが近寄ってきました。

その顔は、光り輝いています。

みことちゃんは2人を見て、とても懐かしく感じました。

「あ！　あなたたち！」

「やあ、みことちゃん。今回は、僕たちがお姉ちゃんとお兄ちゃんになるよ。先に行って待ってるからね」

さて、みことちゃんが選んだ「3つのプレゼント」とは、なんだったのでしょうか？

1つめのプレゼントは、「試練」と呼ばれるものです。

みことちゃんが選んだ試練は、「病気」と「両親の離婚」でした。

人生には、うれしいことも楽しいこともたくさんありますが、苦しいことも、悲しいことも、たくさん体験します。のたうち回るようなつらいこと、身も心もちぎれてしまうのではないかという苦しみ……。

もしかしたら、今、そのただ中にいる方もいらっしゃるかもしれません。

僕も、離婚を経験し、子どもたちと離れて暮らす決断をした時は、「死んでしまいたい、自分が死ねばすべて解決するんだ」と思っていたことがあります。

病気。離婚。失業。家族の悩み。人間関係の苦しみ。お金の苦労。

そうした体験すべては、実は、自分で選んできたもの……そんな考え方は、なかなか受け入れがたいものです。

けれども、どうやら、そうらしいのです。

白いヒゲのおじさんがくれた、2つめのプレゼントは、「自分の中になぜか湧いてくる、ワクワクする気持ち」です。

そして、3つめのプレゼントは、「ソウルメイトとの出会い」です。

胎内記憶を持つ子どもたちの話によると、子どもたちは、この「3つのプレゼント」を大切に持って、この地上に生まれてくるようなのです。

1つめのプレゼント「試練」
2つめのプレゼント「自分の中になぜか湧いてくる、ワクワクする気持ち」
3つめのプレゼント「ソウルメイトとの出会い」

そして、この3つのプレゼントの「中身」は、自分で選べるのです。

では、そもそもなぜ、こうした3つのプレゼントをたずさえて、子どもたちは、この世に生まれてくるのでしょうか。

胎内記憶を持つ子どもたちは、次のように語っています。

●子どもたちが、この世界に生まれてくる理由

①子どもは、親を選んで生まれてくる。親を助けるために生まれてくる（特に母親を助けるために）

②子どもは、マイナスの連鎖を終わらせるために生まれてくる（闇を光に変えるために）

③子どもは、自分自身の人生の目的を達成するために生まれてくる。親だけでなく、みんなを幸せにするために生まれてくる（地球を愛で包むために）

もくじ

Episode
2

お空の上で選んだ1つめの試練「病気」

みことちゃんは、ベッドの上に横たわっている自分を、空中から見ました。

真っ白いシーツ、真っ白いかけ布団、真っ白い天井。

「あれっ、ここ、どこだろう」

そう思った時に、ママが青白い顔をして、何かを言いながら、泣いているのが見えました。みことちゃんの手を、ママはぎゅーっと握りしめています。

今度は、パパが、顔をくしゃくしゃにして、泣いているのが見えました。

お姉ちゃんとお兄ちゃんもいます。2人とも、びっくりしたような、引きつった顔をしています。

「みことちゃん、みことちゃん、
ママが代わってあげる。戻ってきて」

ママはそう叫んでいたのです。

みことちゃんは、強い「卵アレルギー」を持って生まれました。

小さい頃から、アトピーやぜんそくがひどくて、検査してみたら、わかったのです。

みことちゃんは、給食でも、卵を食べないようにしています。

「とても強いアレルギーがあります。命に関わります」とお医者さんに、ストップをかけられていたのです。

数日前、パパと一緒に、うどん屋さんに行った時に、いつものようにパパは、お店の人に「卵は絶対に入れないでくださいね」と頼んでくれました。

ところが、何かの手違いで、ナルトの中に、卵成分が少しだけ、使われていたのでした。

大好きな、鍋焼きうどんを食べた後、みことちゃんは気持ち悪くなりました。

たちまち、唇が腫れて、喉がふさがって息が苦しくなり、そのまま、みことちゃんは気を失ったのです。

「あ、それで病院に来たってことね。
みんなー、私、大丈夫だよ。ママ、パパ、おーい」
みことちゃんに、「みんなの心の声」が聞こえてきました。

「私の命をこの子のために使ってください」
「パパが悪かった。戻ってきておくれ。
神様、この子が助かるなら、私はすべてを差し出します。なんでもします。
どうか、この子だけは助けてください」
「みことちゃん！　俺、もうデブだって、からかったりしないよ！
本当は、お前のこと、大好きだよ」
「みことちゃん、私の漫画、なんでも貸してあげる。
ゲームもずっと自由に使わせてあげるから……」

白衣のお医者さんが、汗をふきふき、言います。

「お嬢さんのショック状態は、もう、とっくにおさまっているんですが。目を覚まさない原因が、わからないのです」

すると、だんだん、お医者さんの声が遠のいていきます。

家族の姿や、病室の景色がぼやけて、周囲が、まぶしく光り輝いていきます。

なぜか、みことちゃんは、この上なく、幸せな気持ちになりました。

気づいたらみことちゃんは、お空の上にいました。

「あれっ？　どういうこと」

「やあ、やあ、みことちゃん。こうして会うのは、久しぶりじゃの」

「あっ、白いヒゲのおじさん！」

「うむ。どうだい、地上は楽しかったかい」

「え、そりゃもう。毎日、楽しかったよ。もちろん」

「そうじゃろうな」

「おじさん、とぼけちゃって。私とときどき、内緒話してたじゃないの。

それよりさ、どうして、鍋焼きうどんの卵のこと、教えてくれなかったのよ」

「忘れちゃったのかい。ここで1回、こっちに来る予定になっていたじゃないか」

「え!? そうだっけ」

「やっぱり、みことちゃんも、忘れてたのか。

どうするかい、これでもう、こちらに戻ってくることもできる。

それとも、また、地上に行くかい。どっちでもいいんだよ」

白いヒゲのおじさんは続けます。

「どんな人でも、今回の人生の中で、もうお空の上に戻るか、
それとも、まだやりたいことがあるから地上で生き続けるかを、
少なくとも数回、選択しているんだよ」

「ちょっと、ちょっと、ちょっと!」

みことちゃんは、雲の上から、地上を見下ろします。

すると、泣いている家族が見えました。

みことちゃんは、パパ、ママ、お兄ちゃん、お姉ちゃんの、心に光を当てて、みんなのいくつかの未来を見渡したのです。
「もう、戻るに決まってるじゃない！
みんな、待ってるし、私、
やりたいことがいっぱいあるんだからね！」
「そう言うと思ったよ。どっちでも選べるんだけどね。
これからいよいよ、ちょっと、大変なところに入っていくけど、
覚悟はできてるかい」
みことちゃんを見て、にこにこしながら話している、白いヒゲのおじさんの姿は、
だんだん、見上げるほどの巨大な光の姿に変わっていきます。
「では、帰る前に、いいことを教えてあげようか」
「うん！」
そう答えながら、みことちゃんは、自分自身も、大きな温かい光になっているのを
感じました。

お空の上で、1つめのプレゼントの「試練」の中身として、みことちゃんが選んだのは、「病気」と、もう1つは、「両親の離婚」でした。

そもそも、なぜ、人は病気になるのでしょうか？

僕が編集長を務めていた『ゆほびか』は健康雑誌なので、大病を経験した人や、病気の人を奇跡的な方法で改善させている医師や治療家に取材することがあります。

例えば、医師の萩原優先生は、「前世療法《ぜんせりょうほう》」を活用して、ガン患者さんの回復をサポートされています。前世療法とは、催眠状態になって自分が「お空の上にいた時のこと」や、生まれ変わりのことを思い出すセラピーです。

この「前世療法」を受けることで、自分の本質は、肉体ではなく、心でもない、永遠の存在……魂《たましい》だと知っていくわけです。そして、魂は、「何かの目的」を達成するために生まれ変わりを繰り返していることを、理解していくんですよね。

そうしたいわば、「魂の視点」を持つことで、病気の根本原因に気づくことができ、結果として、心身に深い癒しが訪れる、と萩原先生は言うのです。

萩原先生は、こんなことを話してくれました。

重い病気の患者さんは、絶望感や孤独感といった、いわば「愛の欠乏状態」に陥ります。ところが、まれに、残された時間、人生を思い切り楽しもうとする人がいます。

例えば、長年の夢だったヒマラヤのトレッキングに行き、素晴らしい体験をしてきたと生き生きしている。そして検査をすると、ガンが消えている！

本当にやりたいことをして、自然に治る人が、現実にいるのです。

もう1つ。

「自分はもっと愛することができる」ということを、自分自身や、周囲の大切な人々に教えるために、病気になることがあるようです。

これは、前世療法を受けた患者さんたちが、口々に言うことなのだそうです。

Episode 3

命はみーんな、つながっているんだよ！

お空の上に「プチ里帰り」したみことちゃんは、「白いヒゲのおじさん」とお話しして、大好きな家族のもとへ、戻ってくることにしました。

目を覚ましてからは、病院のお医者さんもびっくりするほど、奇跡的なスピードで回復することができました。退院の日、家族みんなで、おうちに帰る車の中は、どんなに明るかったことでしょう。

みことちゃんがおうちに駆け込もうとすると、玄関先で、白い大きな犬が待っていました。

「ワン！　ワン！」

白い犬はうれしそうに吠えます。ふさふさの真っ白なしっぽが揺れています。

「あら、かわいいワンコちゃん！

パパ、ママ、このワンコちゃん、どうしたの?」
パパとママは、みことちゃんのことを心配そうに見ています。
お兄ちゃんが慌てて言います。
「みことちゃん、病院で寝てる間に、
まさか、『オジサン』のこと、忘れちゃったんじゃないだろうな」
「オジサンって? この白い犬のこと?」
お姉ちゃんが、みことちゃんとつないだ手を、ぎゅっと握りしめて言います。
「やあね。とぼけちゃって。
みことちゃんが名づけ親でしょう。
私たち反対したのに。ね、オジサン」
「ワン!」
と、ワンコはもう一度、元気よく吠えると、大きな犬小屋の前で、ぐるぐる回って
喜んでいます。
みことちゃんが近寄っていくと、みことちゃんの手をペロペロと舐めました。

「よしよし、あなた、オジサンていうの？
え……。オジサンって、白いヒゲの……まさかあなた？」
そんなみことちゃんを見て、パパはつぶやきます。
「一時的に、脳が混乱してるんだと思うよ。
1週間も気を失っていたわけだから。
似たような話、前に本で読んだことがある」
「そうかしら。本は、本よ。
すぐお医者さんに電話したほうがいいんじゃない？」
そういうママの顔色は、ずいぶん青白くなっています。

突然、みことちゃんの内側に、聞き覚えのある声が響きました。
「そうだよ、わしだ。白いヒゲのおじさんだよ。
ちょっと、みことちゃんの近くにいてあげることにしたよ。
どうじゃ、わし、きれいな毛並みしてるだろう」

「わあっ!!!」

みことちゃんは、この白いワンコを、もふっと抱きしめました。

「ごめんごめん、もちろん覚えてるって。

白いヒゲのオジサン、ありがとう。ここにいてくれたんだね。

寂しかった？　ごめんね」

「おいおい、また、みことちゃんのボケが始まった。

でも、病気が治ったばかりだから、ヘンなことを言ってもしょうがないか」

お兄ちゃんがホッとした笑顔で言いました。

みんなは、笑いながらおうちに入りました。


その夜は、みんなで、にぎやかに退院祝いをしました。

みことちゃんの大好きな、釜飯と、なめこのお味噌汁、トマトサラダを、ママが作ってくれました。

パパは、鯛にハーブソルトを振って、焼いてくれました。

「わあ、おいしい〜!!」

でも、みことちゃんは、お祝いの最中、ママの顔色がとても悪いことに気がついていました。

フラフラしているし、ときどき、別の部屋にママだけ引っ込んでしまうのです。

翌朝、みことちゃんは、白い犬の「オジサン」と一緒に、お散歩に行きました。

オジサンは早速、話しかけてきました。

「あのな。こないだ、お空の上で教えてあげたこと、覚えとるかい?」

「えっと、なんだっけ?」

「やっぱり忘れとるんじゃの〜」

「あ、ごめんね」

「まあ、いいんだよ。わざわざ、地上に来たかいがあるわい。

そのかわりと言っちゃなんだけど、わしのお散歩、毎日ちゃんと頼むぞ。

すっごく楽しみなんだから」

そう言って、白い犬のオジサンは、ちゃかちゃか歩いていたかと思うと、鼻の前を飛んでいった白いチョウチョを追いかけました。

みことちゃんは、オジサンに引っ張られて歩きます。

「あのさぁ、オジサン。私、卵アレルギーがあるわよね。……ママも、具合が悪そう。どうして、地上では、病気になるんだろう。どうやったら治るの？」

「それを、こないだ、お空の上で、伝えたんだよ。まず、病気というのは、決して、悪いものではないんだよ。そりゃあ、その真っ最中は、しんどいのはわかる。とっても、つらいよね」

「やだあ。どういうこと？　そんなわけないでしょ。病気が、悪いものじゃないだなんて。治る方法を知りたいのに」

チョウチョと遊びながら、オジサンが言います。

「病気はね、命が、バランスを取ろうとして、一生懸命、働いている姿なんだよ」
「バランス？」
「そうさ。まず、一番、大事なことから言うよ。実はね。
命は、みんな、神様なんだよ。
命は、光も闇も、全部を包み込むものなんだよ。
命が愛なんだよ。
それが一番、大事なことなんだ。
そのことを、しっかり、想い出せば、あとは自然とうまくいくんだ」
「それなら、私、覚えてる。
お空の上では、みんな、それ知ってるもんね」
「そうさ。命という神様が、
バランスを取り戻そうとしてくれている姿が、病気なんだ」

白い犬のオジサンは、ちゃかちゃか歩いて、公園に入っていきます。

「チョウチョの中にも、神様がいる」

オジサンは、公園の砂場の前で立ち止まりました。

みことちゃんは黙って、オジサンの言葉を聞きました。

「土の中にも、神様がいる。池の中にも、神様がいる。

それを本当に思い出して、大切にすることだ」

「うん。わかったよ」

そう答えながら、みことちゃんは、周囲の木や花が、にっこり微笑んでいるのを感じていました。

「肝心なことはね。
自分を大切にすることだ。
みことちゃんは、宇宙にたった1人しかいない、
みことちゃんという神様なんだ。
命はすべて、つながっている。

自分を本当に大切にできたなら、
すべての命を大切にできたことになるんだ。

これを徹底してやるのは、めっちゃくちゃ楽しいぞ」

「うーん。私、そのお話、ちょっと難しくて、わからなくなってきた」

「いいよ。今はね、病気は、命がバランスを取り戻すための
『自然回復運動』なんだ、ということだけ、覚えておけばいいよ。

自分の命、すべての命からのメッセージなんだよ」

そういうと、オジサンは、急にこちらをキッと見ると、

「見ちゃいかん！」と言いました。

「えっ⁉」

すると「あのポーズ」をとって、ホカホカのウンチをしたのです。

「ふう～スッキリした」

「やあねえ！」

「お空の上の記憶を持つ少年」が話してくれたこと

みことちゃんがワンコと会話しているように、僕の長女は、言葉を話し始めたばかりの頃、庭に生えている小さな木と、お話をしていました。

毎日、木に、「◎◎さん、こんにちは」と、聞いたことがない名前で呼びかけているのを見て、不思議な感動を味わったことを、よく覚えています。

また、彼女は、お空の上にいた時のこと、兄弟とお空の上で会ったことも教えてくれたのです。けれど、大きくなるにつれて、次第に、そうしたことは話さなくなりました。

ここで、「お空の上の記憶を持つ少年」、いんやくりお君のお話を、ご紹介したいと思います。

尊敬する友人の、斎藤りゅう哉さん（サンマーク出版の編集長）がある日、「西田さん、命の言葉を話す少年が沖縄にいるんですよ。ゆほびかさんで取材、いかがですか」と、ご縁をつないでくれたのです。

りお君は、生まれつき、心臓と肺に、重い病気があり、生まれた直後から、

30回以上も入院と退院を繰り返します。

そしてりお君は、3歳の頃から、「お空の上のこと」について、話し始めたそうです。お母さんはそれを、しっかり書きとめました。

りお君の本『自分をえらんで生まれてきたよ』は、13万部を超えるベストセラーになりました。りお君の言葉を紹介しましょう。


「赤ちゃんが生まれてくるのは、みんなを幸せにするため。

お母さんやお父さんだけじゃなくて、みんなを幸せにするため」

「人間は死んでも、体がなくなっても、心は残るように、できている」

「ぼくが病気で生まれたのは、ずっとずっと、幸せになるためだよ。

だから、ぼくが泣いてもママは、かわいそうって思わなくてよかったんだよ」

「命は全部、つながっている」

「ぼくは、病気を選んで生まれてきた。希望を持って、生まれてきた。

心を感じることで、勇気が出る。それがつまり、希望のことなんだ」

「赤ちゃんは、どのお母さんにするか、どんな体にするか、どんな性格になるか自分で決めて生まれてくるのが、ふつうだよ」
（『自分をえらんで生まれてきたよ』いんやくりお著（サンマーク出版）より）

りお君（当時11歳）は、『ゆほびか』のインタビューでは、次のような言葉を語ってくれました。

・人間はどうしたら幸せになれると思いますか？
りお君　人間は今でも、もうじゅうぶん幸せなんじゃないかなって思うよ。

・りお君は、人間が生きていく上で、一番大事にしなくてはいけないことは、なんだと思いますか？
りお君　「ぬちどぅたから」。
　沖縄の言葉で「命こそたいせつな宝物」っていう意味だよ。

生きているのは、それだけで大きな奇跡だよ。

あたりまえって思っている人も多いけど、奇跡なんだよ。

ぼくは赤ちゃんのころから、いろんな人に助けてもらったから、生きてこられたと思う。だから、この命を大切にして、みんなに恩返ししたいな。


りお君の言葉は、心の奥深くに響きました。

原稿を読んで、「これは本当のことだ!」と胸が震えたのです。

命が全部、つながっているっていうのは、本当のことだ。

みんな、ずっと、ずっと、幸せになるために生まれたんだ。そのような、静かな想いが湧き出してきました。

そしてこの「宝物の命」を、大切につないでいくためには、いったい、何ができるんだろう? とも、感じたのです。

Episode 4

白い犬が教えてくれたとびきり元気になる5つのコツ

みことちゃんは、白い犬のオジサンのウンチを、シャベルを使って片づけました。

オジサンは、ウンチをしたことなど忘れたかのような涼しい顔をしています。

「よし、みことちゃん、今から、体をとびきり元気にする5つのコツを教えるからね！」と言って、滑り台の上までチャチャチャチャッと駆け上がりました。

「えっ!?」

みことちゃんはあっけにとられて、滑り台の上にいるオジサンを見上げました。


「まず1つめ！」

白い犬のオジサンは、ワオーン！　と1回、吠えました。

「よいウンチをすること！」

「えー、よいウンチ？　よいウンチと悪いウンチってあるの？」

「よいウンチはバナナウンチ。1日1回は出るといいな。で、ウンチをした後、体も心もすっきりさわやかになる。これが、よいウンチだよ」

みことちゃんは、いつも便秘で苦しそうにしている中学生のお姉ちゃんのことを思い出しました。

「お姉ちゃんは、便秘が続くとニキビが出るって言ってたっけ」

「2つめ！」

白い犬のオジサンは、ワオーン！　ワオーン！　と2回、吠えました。

「よい姿勢でいること！」

「えー、よい姿勢？　よい姿勢でいるってどういうこと？」

「背すじをシャンと伸ばすこと！

そうするとお空の上のエネルギーと、地面の下のエネルギーが、体の中でしっかりとつながるんだよ」

みことちゃんは、背すじがスッと伸びていて、いつもニコニコしている、ダンスの先生を思い出しました。

ダンスの先生は男子生徒からモテモテです。


「3つめ！」

白い犬のオジサンは、ワオーン！　ワオーン！　ワオーン！　と3回、吠えました。

「ときどき深呼吸をする！」

白い犬のオジサンが、突然、滑り台の上で、

「はい、吸って〜、吐いて〜」と公園中に響き渡る声で言いました。

つられて、みことちゃんも深呼吸。

スズメや、野良猫の親子もつられて深呼吸しました。

「朝になったらお部屋と心の窓を開けて、深呼吸すること！」

みんなはこっくりうなずきました。

「はい4つめ！」

白い犬のオジサンは、ワオーン！　ワオーン！　ワオーン！　ワオーン！　と4回、吠えました。

「バランスよく食べること！」

「バランスよく食べる⁉　それってどういうこと？」

「食べ過ぎたらダメ！　食べなくてもダメ！
野菜も肉も魚もご飯も、ちゃーんと食べるんだよ！」

そう言いながら、オジサンは、背中にしょったリュックの中から、野菜も肉も魚もご飯も入ったお弁当を取り出して、

「いただきます！」と叫ぶと同時に、ムシャムシャ食べました。

みことちゃんやスズメや野良猫の親子は、オジサンがお弁当をおいしそうに食べるのをじっと見守っていました。

「よくかんで食べなさい！」とオジサンが顔をあげて叫びました。

みんなはあっけにとられました。

「大事なことを言うからね。
食べた後に、体があったかくなるのが、いい食事！
食べた後に、いいことがしたくなるのが、いい食事！
食後に体と心の様子を見ればすぐわかるよ。
それからね。食材の命に感謝して、
いただきます！、ごちそうさまでした！　のご挨拶を元気よく。
で、好きな人と食事すると、栄養になりやすいよ！
はい、ごちそうさまでした！」

白い犬のオジサンは、お弁当を食べ終わると、お弁当箱をリュックに丁寧にしまいながら、

「最後に、5つめ！」

と言って、大きく、ワオーン！　ワオーン！　ワオーン！　ワオーン！　ワオーン！　と5回、吠えました。

「心が苦しくなるまで我慢をしないこと！」

「心が苦しくなるまで我慢をしない⁉　それってどういうこと？」

「例えば、みことちゃんをいじめてくる子がいるとするよね」

みことちゃんはドキッとして、最近少しいじわるな男の子を思い浮かべました。

「そういう時は、みことちゃん、つらいよね。

誰にも言わないで我慢していると、

ある日、みことちゃんの心が苦しくて苦しくて、

壊れてしまうことがあるんだよ。

体も病気になってしまうことがあるんだよ」

「じゃあ、そういう時はどうすればいいの？」

「ママやパパや、お姉ちゃんやお兄ちゃん、

おじいちゃんやおばあちゃん、先生でもいい。

みことちゃんの味方になってくれる人に、つらい気持ちを話すんだよ」

「それだけでいいの？」

「まずは誰かに話をした時に、お空の上の神様もそれを聞いているんだよ。

それで、みことちゃんを助けようとする。時間がかかったとしてもね。

お空の上の神様はみことちゃんを見捨てることは絶対にないよ。

みことちゃんは1人じゃないよ」

みことちゃんはそれを聞いて、心から安心しました。


「以上！　終わり！」と言って、オジサンは滑り台の上から、ものすごい勢いで滑り降りてきて、みことちゃんの前にすっくと立ちました。


「今、話したことの逆をやっていると、病気になるんだよ。

でも、病気になるのは、

『今やっていることに、何か間違いがあるかもしれないよ』

という、神様からのお手紙なんだよ」

「えーっ？　神様からのお手紙なんだね」

「そうだよ。

なんで神様が、わざわざ、お手紙を出すのかっていうとね。

自分の心や体や魂、命をもっと大事にできますよ。

もっと、自分の心や体や魂、命を愛することができますよ。

あなたはそれだけ大切で、素晴らしい存在なんだよ。

あなたも神様なんだよ。みーんな神様なんだよっていう、お知らせなんだ。

病気は、命をもっと大事にできますよっていうお知らせ。

これを難しい言葉でいうと、『自然回復運動』っていうんだよね。

さっきも言ったけど」

白い犬のオジサンはそこまで話すと、「今日の授業はこれでおしまい！」と言って、リュックを揺らしながらトコトコと歩き出しました。

みことちゃんは慌てて、オジサンの白いしっぽを追いかけるように、あとをついて行きました。

みことちゃんや、みことちゃんの家族が出会っているような困難は、大なり小なり、誰の運命にも織り込まれているようです。

実は、健康雑誌を長年作ってきた僕も、100万人に数人という「デスモイド腫瘍」という、珍しい病気になった経験があります。調べると、再発しやすい病気ということで、手術を受ける決断もできずに、死の影に怯えていました。その治療と体力増強のために訪れたヨガ道場で、この物語の中にある「5つのコツ」を教わって実践し、奇跡的に回復することができたんです。

その際に、高名なヨガ治療家の方が、以下のような体験を語ってくれました。

「たいていの人は、その人が、『もっとも得意とするところ』で、最大の困難を与えられるようになっているようです。

きっと、『そこで、もっと学びなさい。あなたは、まだ学べることがあるのですよ』というふうに、神様が困難を与えてくれているんですね。

ですから、必ず、試練は乗り越えられるんです。

時間はかかるかもしれませんが、必ず乗り越えられます。

大丈夫です。大丈夫ですよ。

でも、その真っただ中にいる時は、とても苦しいんですよね。

その気持ちはよくわかります。

私は治療家ですが、自分の息子が頸椎《けいつい》亜《あ》脱臼《だっきゅう》という重い症状になった時、なぜか、気づけなかったんです。他の患者さんではありえないことですが、自分の息子の時だけ、わからなかった。息子は、手術をして幸い、命拾いしました。その恩返しをするために、今、息子は、医師になっています。

自分が治療家なのに、息子の症状に気づけなかった時、私は、本当に、生きているのがつらかったです。もう生きていたくないっていうくらい、苦しみました。だけど結局は、それはよかったことなんです。今はそういうふうに思います。その最中はつらいです。

でも必ずよくなりますから、大丈夫ですよ」

この言葉が、いつも道を明るく照らし出してくれました。

Episode 5

あなたの魂は、どんな困難よりも大きい！

みことちゃんは、とてもウキウキしていました。

今日はみことちゃんの11歳のお誕生日のお祝いだからです。カゼ気味で、学校は休んだのですが、お祝いが始まったら、ピンピン元気になりました。

みことちゃんにとって、この世で一番おいしい大好物、ママのハンバーグの焼ける匂いがします。ご飯はお赤飯。アサリのお味噌汁が、湯気を立てています。

パパはさっき、白い犬のオジサンとスーパーに行って、鯛のお刺身を買ってきてくれていました。

「めでタイからね」といつものオヤジギャグをうれしそうに言っています。

ケーキは、ママの手作り。卵の入っていないパン生地スポンジで、イチゴがたくさんのバースデーケーキです。

みんなで、楽しくご飯を食べて、『ハッピーバースデー』の歌を歌います。

ハッピーバースデートゥーユー
ハッピーバースデートゥーユー
ハッピーバースデーディアみことちゃん
ハッピーバースデートゥーユー
みことちゃん、生まれてきてくれてありがとう！

ろうそくの炎を吹き消す時、うれしさのあまり、思いっきり息を吹きすぎて、ケーキにロウが飛び散ってしまいました。

「もう、しょうがねえなあ」と、お兄ちゃんがケーキのロウを取ってくれます。

みことちゃんはお誕生日プレゼントと、みんなのメッセージが書いてあるバースデーカードをもらいました。

絵の得意なお姉ちゃんは、「ダンスを踊っている白い犬のオジサン」の絵を描いてくれました。お兄ちゃんは、なぜか、ウンチのキャラクターが「おめでとう。ますますいいウンチを」とおどけているイラストを描いています。

みんなでそれを見て、大笑いしました。

ママは、「お祝いとお礼の言葉」を書いてくれました。

パパは、「みことちゃんの詩」を書いてくれました。

プレゼントの箱を開けると、みことちゃんがずっと欲しかった、漫画を描くセット一式が入っていました。

「うわあー、ありがとう!!　やったあ!!!」

こんないい日なら、毎日がお誕生日だったらいいのに。


ただ……みことちゃんは、ママの顔色がすぐれないことが、ずっと気になっていました。最近、ママは、ずいぶんやせて、歩く時もフラフラしていますし、顔は血の気がなく、緑色っぽいこともあるほどです。

ときどき、鼻血が出て止まらないこともあったのです。

それに……、夜、みことちゃんがお布団に入ってから、ママとパパが言い争いをしている声が聞こえてきて、目を覚ましたことが、このごろ何回かありました。

そのすべてが、胸に刺さったトゲのように気がかりでした。

最近のみことちゃんは、授業中もボーッとしたり、ランドセルを忘れたり、上履きのまま家に帰ってきたこともありました。


でも今日は、みことちゃんのお誕生日です。

ハッピーバースデーを歌った後は、プレゼントを手に持ったまま、みことちゃんの大好きな『となりのトトロ』の映画を観ました。

みんなでわいわい言いながら観ていたのですが、ママだけ静かです。途中でママはスッと立ってトイレに行き、そのまま別の部屋に引っ込んでしまいました。

しばらくしてパパがこわばった顔で立ち上がると、ママが引っ込んでいる部屋のほうに行きました。その部屋から何か言い争うような声が聞こえてきます。

みことちゃんのお姉ちゃんとお兄ちゃんがさっと立ち上がると、リビングを出て、その部屋のほうに行きました。みことちゃんはドキドキして立てません。

『となりのトトロ』をボーッと観ていたら鼻の奥がツンと痛くなり、涙がにじんできました。ちょうど、映画では、サツキちゃんとメイちゃんの姉妹が、トトロと一緒に、ネコバスに乗って、病院に入院しているお母さんに会いに行く、みことちゃんの大好きなシーンでした。

その画面が、ぼやけてよく見えません。

向こうの部屋から、

「今日は、みことちゃんの誕生日なんだぞ!」

とお兄ちゃんのふるえる声が聞こえてきます。

パパは何か低い声で言っています。

「もうやめてよー」とお姉ちゃんの泣き声が聞こえます。

みことちゃんはソファに突っ伏しました。

ああー! 何も見たくない! 何も聞きたくない! ここにいたくない!

突然、息が苦しくなってきました。目の前が暗くなります。

次の瞬間、みことちゃんは自分が大きな大きな光になって、地球上にスッと立っているのを感じました。

見渡すと地平線まで、数えきれない巨大な光の柱が立っています。

人や、動物や、植物たち、みんな、みんなが光の柱で、お空と地上の間に立って、

「あぁっ……」

宇宙を支えているのでした。

みことちゃんは前にもこの景色を見たことがあるのを思い出しました。

そして、とても幸せな気持ちになって、ニッコリしました。

すると、みんながほほえみ返してきました。

気がつくと……、地球全体が見える深い藍色の場所を通り抜け、薄あかね色の世界に出ました。

目の前に、白い犬のオジサンがスッキリと立っています。

その輪郭は淡く白金色に輝いていました。

「やあ、みことちゃん。よく来たね。地上は楽しかったかい？」

「オジサン、どうして……。ここはお空の上ね」

「そうだよ」

「オジサン」は白い犬の姿から、もとの、白いヒゲのおじさんの姿に戻りました。

「地上は楽しかったかい。

いっぱいいっぱい、自分やみんなを好きになれたかな。

みんなを喜ばせてきたかい」

そう言われると、また鼻の奥がツンとして、みことちゃんは手でごしごし、目のあたりをこすりました。

「ああー、また、その質問するのね。ってことは私、今度こそ死んじゃったの？」

「今回は、ちょっと、予定外だったなあ。

みことちゃんの想いの力はそれだけ、実に、実に、強いってことだね」

「それってどういうこと？」

「みんな、生まれる前に、人生で体験する、おおまかな出来事は決めている。

けどね、想いの力で、どんどんシナリオが変わることってあるんだよ。

……変えられない出来事もあるけれど」

「じゃあ、今、お空の上に来たのも、私の想いの力ってことなの」

「なんせ、さっきすごい力で、そう願ってたからね。ここまで響いてきたよ。

何も見たくない！　何も聞きたくない！　ここにいたくない！　って心の声が」

「やあねえ、モノマネしないでよ」

「何か出来事があったとするよね。うれしいことも、嫌なこともある。

その時、どんな対応をするかが大事なんだよ。

例えば、犬のウンチを踏んだ時、

くっそーっ！　って激怒することもできれば、

運がついたよ、って笑い飛ばすこともできる」

「もう、変な例ねえ」

「出来事は、ただ起きる。その時どうするかのほうが、大事なんだよ。

運命の展開は、その一瞬一瞬で変わる。

「起きた出来事に対して、何を想い、どんな態度でいるかで運命は変わる」

これは覚えておいて損はないよ。

特に、みことちゃんは、自分の本質は魂だって知っているからね。

そういう人は、いろんなことが実現するのが、早いんだよ」


「え、そう。どうりで、誕生日プレゼントも、すっごくほしいものをもらったよ」

「まあ、時には、そういう願いも叶いやすいだろう。

この宇宙には『望みは、明確にすると叶う』という法則があるからね。

ただし、『自分の本当の望み・自分の本当の気持ち』を明確に知っている人はまだまだ少数派だ」

「じゃあさ、本当じゃない望みとか、本当じゃない気持ちがあるってこと?」

「そうさ。他の誰かの望みを、自分の望みだと信じている人は多いんだ。

自分の本当の望み・自分の本当の気持ちを明確に知っている人は、

人生がまさに思い通りになる。

いや、人生は自分の思い通りになっているってことを知っているんだ」

そういって、おじさんは、みことちゃんをジッと見ました。

「それでね、みことちゃん。

ここでお空に帰ってきても、また地上に行っても、どちらでもいいんだよ。

どちらでもね。無理をすることはない。よくがんばったよ」

がんばったと言ってもらって、みことちゃんは、この前オジサンに教わった「とびきり元気になるコツ」を、ママに一生懸命、話したことを思い出しました。

「ママはもう世界一優しくてかわいいから、この5つのコツをやったら、すごく元気になって、もっとかわいくなって、今度は宇宙一になるよ！」

ママはニコニコ聞いてくれました。でも、聞いてくれるだけじゃなくて、実際に元気になってほしかったのです。元気になって顔色も機嫌もよくなって……。

そうしたら、パパと、ママが、もしかしたら、仲良くなるかもしれない。

みんなで、もう一度だけ、キャンプに行きたい。
それは七夕のたんざくにナイショで書いた願いでした。

「私、もちろん、地上のみんなのところへ戻るよ。戻るけど……。
じゃあさ、私の願い方が足りないのかな？
私になにが足りないの？　つらいよー」
みことちゃんは泣き始めました。
「よしよし。いっぱい泣いていいんだよ。
地上でも、あんなにガマンしなくてもよかったんだよ」
白いヒゲのおじさんは、とても優しい声で言います。
みことちゃんが泣き止むまで、おじさんは温かい手で背中をなでてくれました。
「この前教えた、元気になるコツはね、
ママに伝えるのもいいんだけど、まずはみことちゃん自身がやるんだよ。
あれは『命をもっと愛する方法』なんだ。

みことちゃんの、ぜんそくもよくなるからね」

「ええっ⁉　そうだったの？」

「みことちゃんの〝光の使命〟にもプラスになるよ。

みことちゃんは、ママとパパを心配しているね。

彼らは、自分自身で、宿命を知り、運命に立ち向かうことが大事なんだ。

自分をもっと愛せる、命をもっと愛せるっていうことを学ぶんだ」

そういわれると、みことちゃんはまた、息が苦しくなる気がしました。

みことちゃんは、ママとパパが、もうすぐ離婚することを知っているのです。それも、みことちゃんがお空の上で選んだ「試練」の1つでした。

それでも、もっと仲良くなってほしい。前のように。


ママとパパの仲が悪くなったきっかけは、なんだったのか？

みことちゃんは、それもお空の上で見ていました。

それは、ママの「心のカゼ」。そして、パパが、いつも忙しく働いて、家にほとんどどいなかったことです。

　パパは、自分の仕事が楽しくて、また、家族のためにと、夜遅くまで働いていたのですが、ママの「心のカゼ」になかなか気づきませんでした。

　そのうちママの「心のカゼ」はひどくなり、体を壊すほどになったのです。

　ご飯を食べきれないほど食べてトイレで吐いたり、逆に、全然、食べなかったり。戸棚の中に隠しているビンから、薬をたくさん飲んで眠ったりしていることも、みことちゃんは知っていました。

　ママはやめたくても、やめられませんでした。


　パパがママの異変に気づいた時、それは、夫婦の長い苦闘の始まりでした。パパは、ママを病院に連れて行くことをなかなか、思いつけませんでした。

　そして、一生懸命、言葉で説得してやめさせようとしました。

「こうすればいい」「ああすればいい」といろいろアドバイスしたのです。

　パパは優しい人でしたが、ママのつらい気持ちに寄り添うことができず、ついに、ママを怒ってしまうという、大きな間違いをしたのです。

「どうして自分の体を大事にしないんだ！　子どもたちが心配しているのに、どうしてなんだ！　子どもたちを愛していないのか⁉」

ママはすっかりパパのことが嫌になってしまいました。

「それより、みことちゃんがぜんそくなのは、あなたのアレルギー体質を遺伝的に受け継いでいるからだと思う。みことちゃんも、私もそれで苦労しています」

と、パパに言い返したのです。

パパが、ママに、「一緒に心のカゼを治す病院に行こう、お医者さんに診てもらおう。一緒にカウンセリングを受けよう」と言い始めても、ママは、首を縦に振りませんでした。

みことちゃんは、誰も悪い人がいないのを知っているのです。

誰も悪くありません。みんながんばったのです。

みことちゃんは、ママの小さい頃のことも、お空の上で見て、全部知っています。

ママは、はつらつとした女の子でしたが、柔らかく、傷つきやすい心で、小さい頃からずっと、誰にも言えない苦しみを抱えていました。

ママのお父さんは、働き者でしたが、お酒を飲むと急に怒りっぽくなりました。ママのお母さんは、体調が悪いことが多く、夫の悪口をしょっちゅう子どもたちに聞かせていました。両親が夫婦げんかをしている時、小さかったママは、泣きたいのをこらえて、おびえている弟を一生懸命かばっていたのです。

ママは賢くて、運動神経もよく、友達はいたのですが、むしょうに悲しくなることがあり、そういう時は、お布団をかぶって、1人、ただ泣いていました。思春期には、「心のカゼ」になって、眠れなかったり、食べ過ぎて吐いたり、逆に食べなかったりという時期もあったのです。

ママはパパと大恋愛をして結婚したのですが、やがて、「心のカゼ」がぶり返しました。それは、ママの弟が、亡くなったことがきっかけでした。

そんなことを思い浮かべて、みことちゃんがぼんやりしていると……。

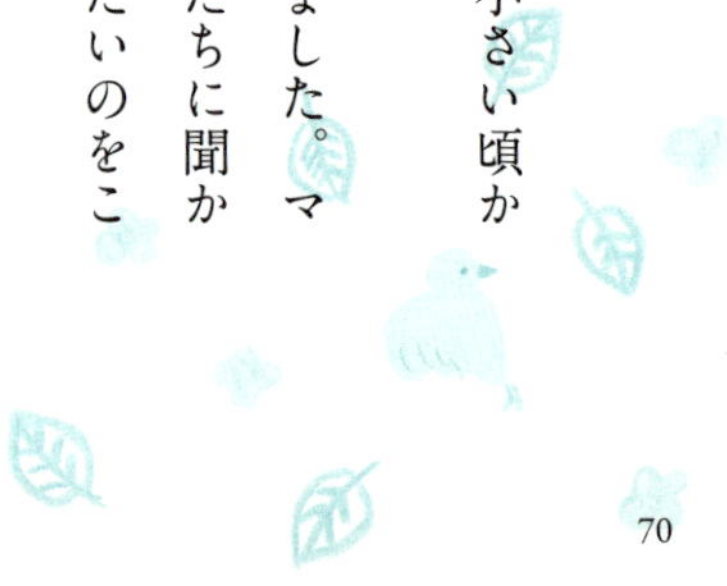

白いヒゲのおじさんが、みことちゃんの両肩に、温かい両手を置いて、みことちゃんの目の奥をのぞきこんで言いました。

「大丈夫さ。ママはママで、パパはパパで、
自分自身で〝光の使命〟に取り組める力があるからね。
どんな困難よりも、みことちゃんの魂は大きい。
どんな困難よりも、ママの魂は大きい。
どんな困難よりも、パパの魂は大きい。
だからね、なにも心配はいらない。安心していいよ」

みことちゃんは、白いヒゲのおじさんのまなざしと、言葉から、温かい光を感じて、とても明るい気持ちになりました。

「ありがとう！　おじさん、だーい好き！
私、気持ちが今まで、ちょっと闇だったけど、
おじさんのひとことで、光になったよ」

胎内記憶がある子どもたちが語るように、「お空の上の世界」って、本当にあるんでしょうか？

人間が生まれ変わりを繰り返しているって、本当なのでしょうか？

「胎内記憶」以外にも、その手がかりはあります。

それは、一度死にかけて、この世に戻ってきた人たち。この章でみことちゃんも、「お空の上」にプチ里帰りしました。

いわゆる「臨死体験」をした人たちは、不思議なことを教えてくれます。

以前『ゆほびか』でも「あの世」の特集を何度かやったことがあります。

日本やアメリカの、臨死体験をした人たちのお話を載せました。

その人たちの中には有名な脳外科医や大学教授もいます。

死にかけて、お空の上を見たその記憶を覚えている人たちは、そろってこう言います。

「光り輝くとても素晴らしいところだった」

「なんの心配もいらないとわかった」

「あの世は愛の世界で、自分は愛の存在だとわかった」

ある著名な医師は取材に答えて、この世を去って、お空の上に行くと「何者かに、３つのことを尋ねられるようです」と、教えてくれました。

●死んだ時にお空の上で尋ねられる３つの質問

①あなたは楽しみましたか？

②あなたは愛しましたか？

③あなたは喜ばせましたか？

みことちゃんも尋ねられたこの３つの質問は、違うことを聞いているように見えますが、実は３つとも、同じことを聞いているのだそうです。

「人生を愛でいっぱいにしましたか？」という質問です。

Episode
6
あなたのハートは「最高の未来」を知っている！

ちらっと、雲の下を見てみると、ソファの上で気を失っている自分が見えます。
パパも、ママも、お兄ちゃんも、お姉ちゃんも、みことちゃんを揺さぶって何か言っています。

「みんなー。私、すぐそっちに帰るからね！
心配しないで大丈夫だよー！
ねえ、おじさん。
こうやって、お空の上に遊びに来られるのって、私の特技なのかな⁉」
すると、白いヒゲのおじさんが笑いながら言いました。
「そうだねえ。
まあ、特技といってもいいかもしれないね。

みことちゃんの魂の成長のために、ぜーんぶ必要なことなんだよ。

本当のことを言うとね……。

誰でも、お空の上に、ちょこちょこバカンスに来てる。

実は、夜、眠っている間にお空の上に来て、
リフレッシュしている人は、たくさんいるんだ」

「ええ～っ⁉　そうなの⁇」

「朝、起きた時に、と～ってもスッキリしていることがあるだろう？

そういう時は、寝ている間に、お空の上に遊びに来てるんだよ」

「ふ～ん。そうなんだね」

「アイデアや、インスピレーションを持ち帰る人もたくさんいるよ。

イギリスのビートルズというバンドに、

『イエスタディ』という有名な歌があるのを知ってるかな」

「うん、パパがよくビートルズの音楽かけてるから、私、知ってるよ」

そう言って、みことちゃんは、『イエスタディ』の美しいメロディを口ずさみました。

「イエスタデ〜」

「そうそう。本当にいい曲だよなあ」

みことちゃんがいい気分になって歌っていると、お空の上の世界に、いい香りのするお花がいっぱい咲き乱れました。

いつのまにか、あたりは美しい野原になって、小川が流れています。

「この、『イエスタディ』という歌はね、
ポール・マッカートニーというビートルズのメンバーが、
ある日、夢の中で、メロディを受け取ったんだよ。
彼がえらかったのは、朝起きた時に、
メロディを忘れないよう、しっかり書きとめたこと。
それをすばやくレコーディングして、形にしたことだ。
この歌の歌詞の本当の意味を、最初は、彼自身も知らなかった。

この歌は、歌詞の日本語訳を読んでもらうとわかると思うんだけど、大好きだった恋人が突然去ってしまって、嘆き、悲しんで、

『自分のどこが悪かったんだろう？』

って、歌っているように見える。

でもね。実は、この歌は、14歳の時にポール・マッカートニーが突然、お母さんを亡くした、その深い悲しみを歌っているんだよ。

そのことは彼も、ずっとずっと後になって気がついたんだけどね。

そうやってできたこの歌は、地球上の数億人に届いた。

たくさんの人に、深い癒しと感動を与えたんだ。

そういうことは、他にもたくさんある。

お空の上から、わしらも、いつでも、全力でサポートしているんだよ」

白いヒゲのおじさんは、みことちゃんの目をじーっとのぞき込んで言いました。

「誰もが、〝お空の上で決めたお役割〟を持って生まれてくる。

その人が目覚めて、〝最高に大好きなこと〟をやって生きていこう！
そう決めた時、その人は、
〝お空の上で決めたお役割〟を果たす道のりを歩き始めているんだ。
その時にね、神様も、守護霊さんも、宇宙も、その人を全力でサポートするんだよ。
具体的に言えばね。

〝ワクワクする気持ち〟
〝インスピレーション〟
〝いいアイデア〟
〝シンクロニシティ（偶然に見える必然）〟
〝直感〟

がいっぱい、その人のところにやってくるようになっているんだ」
「そうなんだ！
ポール・マッカートニーさんの場合は、
〝お空の上で決めたお役割〟が音楽だったから、

夢で、あんなステキなメロディと歌詞をゲットできたのね！」
「そうそう。よくわかったね。
さらに素晴らしいことがある。それはね。
それまで、その人が人生で味わった悲しみや、苦しみの全部が、
〝お役割を果たす力〟に変わるってことなんだ。
そこから生まれたものは、とても深みがあって、美しくて、パワーがある。
だから、不思議なほど、周りの人を元気にしたり、
つらい気持ちを癒したりしてあげることができるんだ」
「へーっ！　そういうふうになっているんだね」
みことちゃんは宇宙の仕組みを知って、深く感心しました。
そして、なぜか、とってもワクワクしてきました！

あなたも、

「初めて会った人なのに、たまらなく懐かしい」

「初めて訪れた場所なのに、見覚えがある」

そう感じることって、ありませんか？

宇宙には、すべての始まりから終わりまでを記録した、「アカシック・レコード」という「巨大な宇宙図書館」のようなものがあるそうです。

これまで取材で、「アカシック・レコード」にアクセスしてさまざまな知識や知恵を読み取る、いわゆる「能力者」の方たちに出会ってきました。

彼らの言葉は、いつも愛に満ちていて、力強く温かい励ましや、行動のヒントを与えてくれました。

彼らが口々に言うことには、

「私たちはみんな、〝宇宙の無限の知恵の貯蔵庫〟にアクセスできる」

そして、「私たちの魂は、本当は、すべてを覚えている」ということなのです。

自分が何をやったら幸せになれるのか？

どうすれば、最高の未来にたどり着けるのか？

それを知る鍵は、

「ワクワクする気持ち」

「インスピレーション」

「いいアイデア」

「シンクロニシティ（偶然に見える必然）」

「直感」

にあるということです。

いつでも、内側の光が、私たちの歩く道を照らし出してくれるようなのです。

そして、その光は、私たちが「〝お空の上で決めてきたこと〟を全身全霊でやりとげよう！」と決意する時、最高に輝くのだというのです。

Episode 7

「お空の上で決めたこと」をあなたが忘れてしまった理由

「おーい！　おーい！　みんなー！」

みことちゃんは、お空の上から一生懸命、地上の家族へと呼びかけました。

「どうしたんだい、みことちゃん」

「え？　ほら、ママも、パパも、お兄ちゃんも、お姉ちゃんも、あんなに真っ青になって泣いているし、私のこと、すっごく心配してるからさあ」

白いヒゲのおじさんは、雲の間から、地上を眺めました。

みことちゃんのおうちでは、ぜんそく発作を起こして、ソファの上で意識を失っているみことちゃんを囲んで、みんな大騒ぎになっています。

「うんうん。それで、そんなに一生懸命、呼びかけてるのかい」

「そうだよ。みんなに、大丈夫だよ、私はここにいるよって伝えたくて」

「みことちゃんの呼びかけは、みんなの魂に、ちゃんと響いていると思うよ。
地上の人がね、亡くなった人を思い浮かべることがあるだろう？
悲しくなったり、懐かしくなってほほえんだり。
実はその時、空の上から、亡くなった人の魂が、地上に呼びかけているんだ。
『自分はここで幸せでいるよ。
だから、あなたは力いっぱい、幸せに生きて』ってね」

「えぇーっ！　そうなの？　知らなかったよ」
「だけど、みことちゃん、今回、しばらくしたら、地上に戻るつもりなんだろう？
このまま、〝生まれ変わりコース〟に行ってもいいし、どっちでも選べるけどね」
「私、地上に戻って、やりたいことがいっぱいあるんだ。
お空の上で自分が決めたこと、やりきっていないと思う」
白いヒゲのおじさんはニコニコしています。
「それならわしは、いつでも、どこでも、どんなことでも、喜んで、みことちゃんを手伝ってあげるよ」

「おじさんって、とっても親切なんだね〜！」

そう言われて、おじさんは、白いヒゲをいじってうれしそうにしています。

「そりゃ〜そうさ！　わしらは決して、いじわるしたり、邪魔したりしないよ。

人も、動物も、植物も、虫も、魚も、鳥も、微生物も、星も、銀河も、自分自身で、『これをやりたい！』って決めたことを叶えたくて、生まれるんだ。

そして、死んでいく。

それを何回も何回も、繰り返して、魂は、成長していくんだよ。

その全部を手伝うのが、わしらの大好きな仕事なんだよね」

おじさんが夢見るような瞳をして、そう言っている間に……。地上の世界には、白い雲が流れ、雨が降り、雨が上がって、大きな虹がかかりました。

雲の影が地上をゆっくりと移っていく様子。

雨が畑をしっとりと濡らす様子。
お日様の光が差し込み、虹を子どもたちが見上げる様子。
その全部を、みことちゃんは、お空の上から見ました。

「おじさんって、ときどき、ステキなことを言うのね。
あのね、私、お空の上にいるうちに、確かめておきたいことがあるんだ。
それにね、さっき、おじさん、
〝人は夢の中でアイデアを受け取ることがある〟って教えてくれたでしょう。
私、ああいうことを、たくさん覚えて、地上に戻りたいな。
あのう、おじさん……いろいろ、教えてほしい。教えてもらってもいいですか」
「ああ、もちろんいいよ。なんでも聞いていいよ。
まあ、もともと、みことちゃんが、
生まれる前に知っていたことを教えるだけだけどね」
「え!? 私、お空の上でのこと、かなり覚えてるほうだと思ってた。

忘れちゃってるってこと？」
「そうだよ。でも忘れるのは、悪いことじゃない。むしろ、必要なことさ。
ほとんどの人は、生まれた後、お空の上のことは全部忘れる。
みことちゃんは、ママを助けたくて生まれてきたことや、
お空の上で3つのプレゼントを受け取ったことは、よく覚えているね。
でも例えば、〝たましい家族会議〟のことは、すっかり忘れている」
「〝たましい家族会議〟ってなに⁉」
「生まれる前に、家族みんなで開く会議のことだよ。
そうやってね、お空の上で決めたことを忘れちゃうことも、
みんな、自分で決めてるんだよ。
なぜなら、地上で、体と心を持ち、人生のすべてを思いっきり味わって、
笑ったり、怒ったり、泣いたりして、
あっちへぶつかり、こっちへぶつかりしながら、手探りで生きていく。
それ自体が、素晴らしいことなんだ。魂の成長につながるんだよ。

人生は先がわからないから、おもしろい。
ゲームや漫画や映画や小説とおんなじさ。
誰かに結末をバラされたら、ちょっと、つまらなくなっちゃうだろう。
本来は、人生もそういうものなんだよ。
でも、まあ、みことちゃんの頼みだし、この際、かたいことは、言いっこなしだ。
なんでも、教えてあげるよ」
「うわあい。ありがとう！」
おじさんは、みことちゃんの目の奥をのぞき込むようにして言いました。
「お空の上で知ったことは、みことちゃんの〝お役割〟や、
〝光の使命〟にきっと役立つだろう。
そして、みことちゃんが、気づいたことをみんなに伝えてくれたなら、
きっと、たくさんの人が助かるだろう。
そうしてくれたなら、わしは、とってもうれしいよ」

白いヒゲのおじさんの姿がふわっと大きく輝くように見え出しました。

おじさんは、深く響き渡る声で、楽しそうに言いました。

「今、地上は、〝魂の目覚めの時代〟に入っている。

たくさんの魂が目覚めて、『お空の上で決めてきたこと』を果たしていくんだ。

目覚めた人は、必ず、幸せに、豊かに生きられる。

するとね。その人がそこにいるだけで、周りの人は気づけるようになる。

『そうか！　幸せに、豊かになるには、こう生きるといいのか！』ってね。

今、１つでも多くの魂が目覚めることが、美しい地球の未来のために、命のために、どうしても必要なんだ。

だからね、わしはこの際、大サービスしちゃおうかな、と思ってる。

なんでも教えてあげようね」

「おじさん、ありがとう！　だーい好き!!」

みことちゃんが白いヒゲのおじさんに抱きつくと、おじさんは、ちょっとくすぐっ

たそうな顔をして、身をよじっています。

「これこれ。それじゃあ、まず、こうしよう。

〝みことちゃんが気を失ってから、地上時間で5分後に、みことちゃんは、地上の体の中に戻る〟というふうに、決めておこうね。

家族のみんなのためにもそうしよう。

こっちの世界は地上時間は関係ないから、安心して、ゆっくりしていっていいよ。

さあ、何から教えようかな」

「えっと、じゃあね。最初の質問ね。

この前、ビートルズのお話を教えてくれたでしょ。

私、大きくなったら、ビートルズみたいに、

世界中の、たくさんの人が楽しくなって、元気になるようなことをやりたいんだ。

大好きなことをやって、夢を叶えるには、どうすればいいのか知りたい！」

そう言いながら、みことちゃんは、ずっと前、車に乗ってキャンプに行く時に、カー

ステレオでかかっていたビートルズの曲を思い出していました。
底抜けに陽気な曲で、『オブラディ　オブラダ』という歌です。

『ある男と女が出会い、愛し合い、
子どもが2人生まれ、庭で駆け回っている。
オブラディ　オブラダ
人生は続くよ、そして人生は続く』

そんな歌だと、パパは言っていました。
車の中で、その替え歌を、きょうだい全員で大合唱しました。
「パパのおなら
くさい～よ
パーパのはくさ～い」
お兄ちゃんの作詞です。

ママもパパも、とてもおかしそうに笑っていました。

ママが今よりずっと元気で、パパとママがもっと仲良しだった頃のことです。

「みことちゃん」

白いヒゲのおじさんは優しく言いました。

ハッとして顔を上げると、おじさんと目が合いました。

そこにはキラキラ輝く目がありました。

「みことちゃん。みことちゃんなら、きっとできるよ。簡単だよ」

『前世療法』、『アルケミスト』、『ザ・シークレット』、『アウト・オン・ア・リム』『聖なる予言』など、数々の「精神世界の名著」を翻訳し、日本に紹介してきた、翻訳家の山川紘矢先生・亜希子先生ご夫妻。

翻訳された書籍の累計は700万部を優に超えるそうです。

ある時、山川先生ご夫妻の取材をしていたら、実は、お二人は「精霊の語りかける言葉」を聞くことができるのだと聞いてびっくり仰天したことがあります。

サンジェルマン伯爵、聖フランチェスコ、イエス・キリストといった、目に見えない存在の声に導かれながら、山川先生ご夫妻は、心の世界のお仕事をされてきたのだそうです。また、亜希子先生は、翻訳のかたわら、約700人の過去生を見ることもされてきたそうです。

山川先生ご夫妻に取材し、『前世を知って幸せになる本』(マキノ出版)という本を編集していた時に、ご夫妻が、僕に「驚くべきこと」を教えてくれました。

「人は、自分の本質が、体でも心でもなく、
魂であることを想い出すと、〝円滑状況〟に入ります。
自分の本質を悟ると、人生から困難が消えていき、
人生がとてもうまく流れるようになるのです。
これを〝円滑状況〟といいます。
なぜなら、人生の困難は、自分の本質を知るために起きてくるからです。
自分の本質を一度悟ってしまえば、学びのための困難は必要なくなります。
何か問題が起きたとしても、大難が小難に変わるし、
前向きに乗り越えられるようになります」

「円滑状況に入るコツ」として、山川先生ご夫妻は、次のような項目を挙げています。

●あらゆる困難が消えていく〝円滑状況〟に入るコツ

今の自分を100%受け入れる

今の自分の周りの状況も100％受け入れる
自分の本質を知る
宇宙とつながっている感覚を持つ
自分を愛する
自分をゆるす
自分に優しくなる
他人をゆるし、愛し、優しくなる
周りのすべてにも同じようにできる

では、なぜ人は、自分の本質が「魂」であることや、自分が「お空の上で決めてきたこと」を、忘れてしまった状態で、この世に生まれてくるのでしょうか？　白いヒゲのおじさんが語ったように、地上であっちへぶつかり、こっちへぶつかりしながら、気づいていく……。そのこと自体に意味があるのかもしれません。

Episode
8

「心に咲く花」を育てると、夢は勝手に叶う！

「私、大きくなったら、世界中のたくさんの人が楽しくなって、元気になるようなことをやりたいんだ。それが私の夢。夢を叶えるには、どうすればいいのか知りたい！」

そう尋ねたみことちゃんに、お空の上にいる白いヒゲのおじさんは、キラキラ輝く目をして答えました。

「みことちゃん。みことちゃんなら、きっとできるよ。簡単だよ」

「えっ!? 夢って簡単に叶うの？

私、夢を叶えるのって、すごく大変なことなのかなあって思ってた」

みことちゃんは、ずっと前、お兄ちゃんに、

「お前がその絵で漫画家になれるんだったら、

俺は宇宙飛行士になって月に行ける、いや、火星に行けるよ」

なんて、からかわれたことがあります。
みことちゃんは、プンプン腹を立てて、お兄ちゃんにノートを投げつけました。
「ははははは。お兄ちゃんはそれ、冗談で言ったんだよ。
みことちゃんは、なりたいものになれるさ。
お兄ちゃんだって、行こうと思えば、本当にいろんな星に行けるんだぞ。
夢を叶えるのは大変だって、思い込んでる人は多いんだ。
あのね、夢を叶えるには、コツがあるんだよ。
大まかに言えば3つあるんだ。
じゃあ、まず1つめね。それは、
『〝心に咲いてる花〟を枯らさないこと』。
これをちゃんとやってれば、夢ってね、自然と叶っちゃうんだよ！」
「ええっ？　どういうことよ。
だいたい、心の中にお花が咲いてるって……。

おじさんってロマンチストなのね」

「もちろんさ。だけどね、これは、ロマンでも、たとえ話でもないぞ。

みことちゃんの心の奥のほうには、本当にお花が咲いているんだよ」


みことちゃんは、そう言われると、確かにそんな気がしてきました。

「あれ、私、胸の中に、白いお花がある気がしてきたよ」

「そうさ。わかったかい。どんな人でも、心の中にお花が咲いてる。

年齢も、性別も、人種も、性格も関係ない。

大きさも色もいろいろさ」

「えーっ？　いじわるな人とか、悪い人の心の中にも、お花が？」

「そうだよ。たとえトゲがあったとしてもね。

ぺんぺん草も生えてない砂漠、なんて人はいないんだよ。

ただね、お花がしおれちゃってる人や、
枯れかけて、ドライフラワーみたいになってる人はいる。

心のお花はけっこうデリケートだからね！
ちゃんと、面倒みてあげること。
そしたら、いつまでも元気よく、大きく咲いて増えるから。
心に咲いてる花は、ほっといちゃダメ。いじめちゃダメ。
水をちゃんとあげなきゃダメ。
光や風を当ててあげなきゃダメ。
肥料もあげなきゃダメ。
ちゃんとやることさ！　ちゃんとやらないと、枯れちゃうよ」

みことちゃんは、お家で飼っていたメダカや、金魚や、ザリガニが死んでしまった時のことや、観葉植物が枯れた時のことを思い出しました。

「もう。ちゃんと面倒をみないからよ」と、お姉ちゃんに叱られたのです。

「えーっ。枯れちゃうだなんて、嫌だなあ。どうやって面倒をみればいいの？」

「〝心に咲いてる花〟を元気にするためには、まずね。

大好きな人のことを思い浮かべてごらん」

「大好きな人？」

すると、パッと思い浮かびました。

台所に立ってるママ。

踊ってるパパ。

憎まれ口は言うけど、楽しいお兄ちゃん。

歌が上手で、優しいお姉ちゃん。

白い犬のオジサン。

児童館や図書館によく一緒に行く、友達のまどかちゃん。

おじさんはニコニコして言います。

「さあ今、どんな気持ちがする？」

「うれしいっていうか、あったかいっていうか」

白いヒゲのおじさんが勢いよく言いました。

「みことちゃん！　それが、心のお花に、お水をあげてるってことだよ‼」

「えーっ⁉」

確かに、胸の中の白いお花が喜んで、みずみずしく、潤っている気がします。

得意そうにおじさんは続けます。

「じゃあ、嫌いな人のこと、思い浮かべてごらん」

「ええっ⁉」

最近、いじめてくる、クラスの男の子が浮かんできました。

みことちゃんが卵アレルギーなのを知って、

「前世でニワトリだったんじゃないか！　顔は卵みたいだし。

妖怪ニワトリ女〜。こけっ、こけっ」

とからかってくるのです。それで学校に行くのが嫌になるくらいでした。

「うー。あいつめ」

「みことちゃん。心のお花はどうなってるかな」

と、いたずらっぽい顔をして、おじさんが言います。

「えっとね、お花が嫌がって、ぐねぐねしてる」

「そうだろう。嫌いな人のこと考えると、心のお花も苦しがるんだ。でもね、その男の子も、その子のパパとママにとってはかわいい息子なんだよね」

「ふーんだ。私はあんなやつ、大っ嫌い！」

「ははは。だからね、嫌いな人のことを、いつまでも考えないほうがいいんだ。お花をいじめることになっちゃうからね。それよりも、大好きな人のことを考える。大好きな人と一緒にいる。するとね、心のお花は、どんどん元気になるんだよ」

「わかったよ！」

「じゃあね。次は、**大好きな場所のこと**、思い浮かべてごらん」

みことちゃんの心の中にはキャンプで行った、清里高原の牧場が浮かびました。なだらかな緑の野原がどこまでも続いていて、遠くに山並みが見えます。牛がのんびり草を食べています。

トンボが飛んでいます。

みことちゃんは明るい気持ちになりました。

白いヒゲのおじさんが勢いよく言いました。

「みことちゃん。それが、心のお花に、光と風を当ててるってことだよ!!」

「えーっ!?」

でも、確かに、胸の奥で、白いお花がうれしがって、そよそよ揺れながら、スッキリ輝いている感じがします。

「じゃあ、嫌いな場所ってあるかい」

「あんまりないけど……あ、そうだ」

みことちゃんは、人混みが苦手です。

例えば、ママと一緒に、デパートの子供服のバーゲン会場に行くとぐったりしてしまいます。

「そういう時、心のお花はどうなってるかい」

「えっとね……しおしおって、しおれた感じ」

「嫌な場所にいるだけで、心のお花はしおれるし、変色しちゃうんだ。でもね、ママは、バーゲン会場では興奮して、ちょっと、楽しそうだろ」

「そっかー。人によって違うってことね」

「そういうこと。みことちゃん、ついでに言っておこうかな。すごく気になる場所とか国って、魂にも深いご縁があるんだよ。そこに行くと、その人の運命が大きく展開していくような出来事が起きるんだ」

「おもしろいね。私は、きれいな海と、涼しい高原が好きだなぁ」


「次は、みことちゃんが**大好きなことや、やりたいこと**を思い浮かべてごらん」

とたんに、みことちゃんの顔はパッと明るくなりました。

「えっとね、一番好きなのは、漫画や本を読んでる時でしょ。それから漫画を描いてる時、お話のアイデアを考えてる時も大好きだし……」

そう言いながら、みことちゃんはお誕生日プレゼントの漫画家セットを思い出しました。

「あれで漫画をいっぱい描ける」

そう思うと、静かな幸福感が湧き出てきました。

みことちゃんの様子を見て、おじさんも幸せそうです。

「大好きなことをやるのは、心のお花の最高の栄養なんだ」

「あれっ？　お花がすごく大きくなってる気がする」

「そうそう。

そのお花はね、無限に大きく育つし、増えるんだよ。

お花を、人に分けてあげることもできるんだ。

でも、嫌なことを我慢したり、いやいや何かをやってる時には、
お花はしぼんで、黒ずんでしまうのさ」

悪い魔女がよく切れるハサミで、みことちゃんのお花を切ろうとしているシーンが
思い浮かび、慌てて打ち消しました。

おじさんはまた笑いました。

「大丈夫だよ。自分以外の人は、お花をダメにすることはできない。

一番、お花を枯れさせるのは、自分が自分自身を嫌う気持ちなんだよ。

じゃあ次は、みことちゃん。

お誕生日のお祝いの時を思い浮かべてごらん」

みことちゃんは、お誕生日の食卓を思い浮かべました。

みんなが「お誕生日おめでとう、生まれてきてくれてありがとう」って言ってくれます。

「あの時、本当にうれしかった。生まれてよかったって思った……」

するとと突然、目の前に、赤ちゃんを抱っこしているママの姿が、立体映像で浮かび上がりました。

赤ちゃんはおっぱいを一生懸命、吸っています。ママは、赤ちゃんに、優しくなにかを話しかけています。

赤ちゃんの胸の中、小さな白いお花が咲いているのが、みことちゃんの目に飛び込んできました。

「あぁっ、この赤ちゃん、私だ。ママーっ」

みことちゃんの胸の中は激しく震えました。

「わーっ！　すごくきれいじゃないか！　見てごらんよ」

おじさんがそう言って、周囲を見回しています。

みことちゃんは、お空の世界のあたり一面が、お花畑のようになっているのに気づいて、言葉を失いました。

「心に咲いてるお花がすごく元気になると、こうやって、周りに広がるのさ！

すごいじゃないか！」

おじさんはホクホク顔で、どこから出したのか、どでかいジョウロで水をまいています。

「ウキウキするなあ。

人も神様も宇宙も、みんな、心に咲くお花が大好きなんだよ。

このお花がたくさん咲いてるところにはね、
ズバ抜けて幸運なこととか、世の中がびっくりするようなアイデアとか、運命的な出会いが、ひっきりなしにやってくるんだよ。
チョウチョやミツバチがどこからともなく飛んでくるみたいにね！
だから、心に咲いたお花を枯らさずに、毎日ウキウキ生きているだけで、
そのうち、夢は叶っていく。
宇宙がぜーんぶ、うまくいくように整えてくれるんだよ」

「要するに、いつも、胸の中があったかくて、明るい状態でいるといいのね」

「まあ、そうとも言えるが……、お花を喜ばせてあげなさい」

おじさんは、みことちゃんの目の奥をのぞき込むようにして言いました。

「自分の心に咲くお花を虐待しながら、幸せにはなれない。

そんな状態で夢を叶えようとしても、
なんのためにやってるのか、わからなくなってしまうんだ。

自分も周囲も疲れ果てたり、かえって不幸になってしまうことだってあるんだよ。

それよりはね、かけがえのない、チャーミングなお花を大事にすることさ！

かえってそのほうが、自分が叶えたい夢も、どんどん叶うんだよ。

だから、自分が嫌なことを我慢しすぎたり、自分を責めたり、自分を嫌ったりしないことが大事なんだ。お花が苦しむからね」


おじさんの話を聴きながらみことちゃんは、ママのことを思い浮かべていました。

みことちゃんは生まれる前に、お空の上でママの心の中を見たことがありました。

ママの小さかった頃。

ママのお父さんとお母さんはよく、激しい夫婦げんかをしていました。

その時ママは、泣いている弟をかばいながら、「みんなを笑顔にできないのは私が悪いんだ」と思っていたのです。

みことちゃんは、そんなママに、大丈夫だよって言いたくて、ママのところに生まれました。

そして、みことちゃんが小学校に入った頃。

ママの弟がひとりぼっちで亡くなり、ママはその時も、自分のことを責めました。

毎日、お部屋で泣いていたのです。

その時から、ママの心のカゼがぶり返しました。

みことちゃんは、ママに抱きついてこう言いました。

「ママ、ママはとってもえらいよ。

ママ、そんなにがんばらなくていいよ。

ママ、大丈夫だよ。

ママ、みことちゃんはママが大好きだよ」

そう言うと、ママは心からほっとした顔をしたかと思うと、くしゃくしゃの表情になって言いました。

「ありがとう。そんなふうに言ってもらったの初めてよ。

みことちゃんとっても優しいのね、ありがとう」

ママはしばらく、うっうっと、小さい子のように泣きました。

みことちゃんは、ママのことをずっとずっと抱きしめていました。

「あのね、おじさん。
私は、あの時、ママに心のお花をあげたんだね。
あれは、私の夢が叶った瞬間だったんだね」
おじさんは、深くうなずいて言いました。
「みことちゃん、心に咲いたお花を、誰かと分かち合えるってことは、
人間の素晴らしい夢の1つなんだ。
それからね、いいことを教えてあげる。
悩みや苦しみという泥を肥やしにして、最高に美しい花が咲くんだよ。
その花は、多くの人を慰め、勇気を与える。
その花は、人が自分のお役割に気づいた時に咲くんだ。
この先もしもね、お花がしおれて元気がないなって思った時は、
こうやって、お水と栄養をあげるといい。
両手を重ねて、胸に当てる。
そして、心に咲いてるお花に言ってあげるんだ。

『いつもよくやってるね。

とってもえらいね。

でも無理しないでいいんだよ。

大切だよ。

大好きだよ』

みことちゃんが、ママに言ってあげたように、自分自身に言ってあげるんだ」

「わかったよ！　おじさん、だーい好き！」


「ありがとう！

言い忘れたけどね、わしのオススメは、普段から、歌ったり、踊ったり、笑ったり、楽しく過ごすことさ。

そうするとね、心のお花も一緒に歌うし、踊るし、笑うんだ」


そう言うなり、おじさんはへんてこな踊りを踊って、歌って、大声で笑ったりしました。

盆踊りのような、でも途中から、マイケル・ジャクソンふうだけど、似ても似つかない……、おじさんが「ぽう！　ぽう！」と叫ぶと、あたり一面のお花も、一緒に歌ったり、揺れたり、さざめくように笑ったりしました。

ちょっとシュールで、調子外れなアニメ映画のようです。

みことちゃんは笑いながら、

「……おじさん、それ、みんなの前ではやらないほうがいいかもしれないよ」

おじさんはどこふく風で、満足するまで踊ると言いました。

「じゃあね、夢を叶えるための、次のコツを教えてあげよう。

『自分だけの〝夢の実〟を育てること』。これが2つめのコツだよ」

それを聞いて、みことちゃんはドキドキワクワクしました。

みことちゃんは、漫画家になりたいのです。

Episode 9

お空の上にある「夢の実」の果樹園

お空の上にいる白いヒゲのおじさんは、キラキラ輝く目をして、「夢を叶えるコツ」をみことちゃんに話していきます。

1つめのコツは「〝心に咲く花〟を枯らさないこと」。

2つめのコツは、「自分だけの〝夢の実〟を育てること」。

「夢の実、ってなあに？」

「お空の上でね、みんな、自分の〝夢の実〟を選んで生まれてきているんだよ。

みんな、ちゃーんと大事な夢を持って生まれてきているんだ。

その夢は必ず、叶うようになっているんだよ。

人が本気で、願いを叶えようと決めた時、

全宇宙が協力して、その実現を助けてくれるんだよ」

「それって本当？」

「本当さ。それじゃあ、みことちゃん。ちょっと、おもしろいところに連れてってあげようね」

「え？　なになに？　どこに？」


気がつくと、みことちゃんは、静かな木立ちの中に1人で立っていました。

周囲の地面からは、もやが立ち上っています。

見渡す限り地平線まで、まあるい果物がたくさん実った、木が生えているのでした。

「おじさん!?　どこ？」

白いヒゲのおじさんはどこにもいません。

木々の間を歩いてみると、どの木にも、さまざまな実がなっていて、
赤、黄、オレンジ、緑、青、紫、桃色、どれも、透き通った光を放っています。

シャボン玉のように、虹色のものもあります。大きさもいろいろです。

果てしない果樹園に、色とりどりの、果物がなっていて、はるか彼方まで、不思議なほど、くっきりと鮮やかに見えるのでした。

みことちゃんが呆然としていると、白いヒゲのおじさんの声が大音量で響き渡りました。

「これが〝夢の実〟だよ。この果樹園に、宇宙のすべての夢があるんだ」

「ど、どういうこと？」

「みんなここから、好きな夢の実を選んで生まれるのさ。

みことちゃん、夢の実に触ってみてごらん。

いろんな夢の実が、どんな内容なのかを、ちょっと見ることができるよ」

そこで、みことちゃんは、一番近くの木のところまで行ってみました。

すいーっと近づいて、夢の実に触ってみたら、一瞬ミカンのような香りがしたかと思うと、不思議な景色が見えてきました。

《晴れた日に、家族が、広い公園を散歩しています。

お父さんとお母さんが、３歳くらいの女の子を連れて歩いていました。

その子はえんじ色のコーデュロイのオーバーオールを着て、

お父さんと右手をつなぎ、お母さんと左手をつなぎ、
「いちにのさーん」と言ってはジャンプしています。
お父さんとお母さんは、その子がジャンプするたびに、
手で持ち上げて、ブランコのようにしてあげています。
その子は口をいっぱい開けて笑っていました。
お父さんとお母さんも笑っています》

「おじさん、この景色は何？　あれは、私のパパとママ。あの女の子、私⁉」
「そうだよ。これはね、みことちゃんのママの夢。みことちゃんのパパの夢。
で、みことちゃんの夢。みんなが、どうしても叶えたかった夢なんだ。
ママと、パパが、お空の上での約束通りに出会って、
お姉ちゃんがお空の上からやってきて、その後、お兄ちゃんもやってきて、
みことちゃんがやってきた。
みんなお空の上からやってきて、今の家族になったんだ。

いっぱい楽しい出来事があったんじゃないかい。

それは全部、叶えられた夢だったんだよ」

それを聞いてみことちゃんは胸のあたりがとても温かくなりました。

「さあ、どんどん、夢の実に触って、中身を見てごらん」

《若い画家が、無我夢中で絵を描いています。
大きなキャンバスに情熱を叩きつけるように、絵の具を手で直接塗っています。
深い藍色の中に光が渦巻いて動いているような絵でした》

次の夢の実は……

《おじいさんが、赤く実ったリンゴを、さも愛しそうに触っています。
リンゴをなでながら、おじいさんはリンゴに「ありがとう」と話しかけています》

次の夢の実は……

《はるかにそびえる高層建築のビルを、誇らしげな顔で見上げている、作業服姿の人たちがいます。高層建築なのに、このビルは、木造でした》

次の夢の実は……

《大きな会場で、たくさんの人を前に快活に話している男性がいます。彼は世界中の人に、自分らしく生きる方法を伝えているのです》

白いヒゲのおじさんの声が、静かに言いました。
「この1つ1つが、かけがえのない夢なんだよ。
お空の上で選んだ、夢の特徴はね。
その夢が叶った時に、自分がうれしい。周りもうれしい。
地球の命にとってもうれしい。
それが、お空の上で選んだ夢の特徴なんだ。
必ず、みんな、そういう最高の夢を持っているんだよ。

そしてそれは、必ずしも1人に1つじゃない」
「ええっ⁉　いくつもあるってこと？」
「そうだよ。とてもたくさんの夢を叶える人もいる。
何が、人生で最高の夢なのかは、その人にしかわからない。
過去の夢も、未来の夢も、すべてここにあるんだ」
みことちゃんは、時が経つのも忘れて、いろんな夢を見ました。

《寝そべって本を読んでいる、小さな男の子がいます。
男の子は本のさし絵をなぞりながら、何かをつぶやいています》

《ジーンズとTシャツの女の人がベランダでたくさんの洗濯物を干しています。
五月の風に吹かれて、洗濯物が気持ちよさそうに揺れています》

《コーヒーをかたわらに置いて、パソコンで文章を書くことに没頭している女性がい

ます。自分が書く文章をたくさんの読者が待っているのを知っているのです》
《若い男性が森の中に入って、大木に触っています。
彼は木と対話することができ、森を守っているのです》
《狩人が荒削りの槍で、草食動物をしとめて、雄叫びをあげています。
静かに流れ続ける液体で、地面は黒くなっています》
《流線型の乗り物の中で、ハンドルを握っている男性がいます。
乗り物は猛スピードで風を切り裂いてカーブを曲がります》
《高校生くらいの女の子が、ステージ上で楽器を弾いています。
3年間、共にがんばった高校の仲間たちと、今日は最後の演奏会なのです》

《氷の上で見事な演技を決めたスケート選手が大喝采を浴びています。彼は練習中の大怪我から復活したのです。故郷の人たちはみんな自分の人生と重ね合わせながら、涙を浮かべて応援していました》

《オレンジ色の太陽が沈む砂浜で写真を撮っているカップルがいます。2人は婚約したばかりです》

《泥だらけの男の人が、土の中から何かを見つけて歓声をあげています。誰もが伝説としか思っていなかった古代の遺跡を、私財を投げうって発見したのです》

《病院の白いベッドに寝て、窓の外を眺めて、ノートに何かを書いている女の子がいました。秋の日差しを浴びて、イチョウの葉が金色に輝いています》

みことちゃんはその女の子を一目見て、今から数年後の自分だと気づきました。

「あ、これ、私だ。また入院しちゃっている。

何を書いているんだろう」

その次の夢の実は……。みことちゃんは生涯、その景色を忘れませんでした。

《ひとりのやせた青年が、木でできた十字架を担いで、裸足でよろよろと歩いています。その傷ついた顔には、乾いた血がこびりついていましたが、不思議とほほえんでいるようにも見えました。

青年は、なぜか、みことちゃんに気がついて、ちょっと驚いた様子でしたが、また前を向いて、行き先の丘に向かって、一歩一歩、歩いて行きました》

「この人は誰⁉」

白いヒゲのおじさんはそれには答えません。

「試練と見分けのつかない夢がある。

いや、夢と試練は、コインの表と裏ということもあるんだ。

人間の夢は無限だ。

わしらは、とても尊敬しているんだよ」

おじさんの声は遠くから響いてくるようでした。

次の実は……

《ミツバチが花の間を楽しそうに飛んでいます》

次の実は……

《大きな大きな恐竜が、星空を見上げています》

「すべての命は、夢を見ている」と、遠くから声が響きました。

次の、夢の実の中には、金色に輝く、静かな世界がありました。

《見たこともない服を着た、髪の長い、きれいな女の人が、音もなく進んでいきます。

その女の人も、淡く金色に発光しています。

突然、女の人はみことちゃんに気づきました。そして、ニコッと笑いかけてきました。その目の色も、淡い金色に輝いています。

女の人は、みことちゃんに何かを話しかけようとしています》

ドキドキして目をそらしたみことちゃんに、おじさんは言いました。

「そこはね、とても進化した、平和な星だよ。

彼女は、みことちゃんを見つけた。

それは彼女が、別の星の友達に出会う夢を叶えた瞬間なんだ」

「えぇーっ⁉」

「彼女とは、いつかきっとまた逢えるよ」


次の光の玉の中では、暗闇の中で、新しい太陽が輝き、惑星が生まれていました。

「星々も夢を見るんだ」

深々とした声が、宇宙に響き渡ります。
みことちゃんは大きなため息をつきました。
「おじさん、私、もうじゅうぶんだよ。ありがとう」
「それはよかった。実は今ね、地球はすごいスピードで進化しているんだ。
〝地球さんの命〟が、そうしようって決めたんだよ。
それに合わせて、地球に生きている人たちの夢が、
と〜っても叶いやすくなっているんだよ。
お空の下を、ちょっと見てごらん」

みことちゃんは雲の間から、地上を見下ろしてみました。

すると、地球全体が、薄明かりに包まれたように、光を放っています。

昼のところも、夜のところも、同じように、静かに輝いていました。

「おじさん、地上が輝いてるよ！」

「そうだろう。あれは、夢の輝きなんだ。

今年から、たくさんの人が魂の夢を叶えていくことになっているんだよ。
それも、想像もつかないような形で、
どんどん叶っていく流れになっているんだ。
どんな夢でもいいんだよ。
夢が今はわからない、という人も、心配いらない。
やりたかったことをどんどんやってみるといいよ。
それは、全部、お空の上で自分で選んできた夢なんだ。
誰にも遠慮いらない。遠慮しちゃいけない。
夢の主役は自分なんだよ。
夢を思い描けるってことはね。
あなたの魂が
『その夢は叶いますよ』
『その夢を叶えようとして、生まれてきたんだよ』
って教えてくれてるんだ。

そして、宇宙のすべての夢は、不思議な形でつながっているんだよ」
そう言われて、みことちゃんは突然、気づきました。
さっき、夢の実の中に見た、1つの夢。
コーヒーを飲みながら、パソコンで何かを書いているあの女の人は……。
「あの人!!　あれは、大人になった、未来の私なんだ！
パソコンに向かって、何か文章を書いていた。
それを、すっごくたくさんの人が楽しみにして、
読んでくれているのがわかった。
だとしたら、私は、漫画家になるんじゃなくて、
別のことで夢を叶えるのかな？」

気がつくと、みことちゃんは、お空の上で、もといた場所に立っていました。

目の前では、白いヒゲのおじさんが、ニコニコしておヒゲをなでています。

「おじさん……」

「みことちゃん、人は、目を開けたまま、夢を見ることができる。
地球という、夢の世界で遊んでいるようなものなんだ。
みことちゃんは、さっきこう言ったね。
《たくさんの人が楽しくなって、元気になるようなことをやりたい》って。
その夢はきっと叶うよ。
自分がうれしい。
周りもうれしい。
地球の命にとってもうれしい。

それは、あなたの魂が選んだ夢だから」

「おじさん、そう言ってくれて、ありがとう。
私もそんな気がしてきたよ！」

羊飼いの少年サンチャゴが「夢の中で見た宝物」を探して旅する、『アルケミスト　夢を旅した少年』（角川文庫）という本があります。

ブラジル人の作家パウロ・コエーリョの代表作の1つで、世界中で数千万部も売れ、愛されている本です。日本では、山川紘矢先生・亜希子先生ご夫妻が翻訳して出版されています。初めて読んだ時、「ここに書いてあるのは本当のことだ」と、興奮が止まりませんでした。

「人が心の底から何かを望む時、全宇宙が協力して、夢の実現を助ける」ということが、はっきり書いてあるのです。

人はなぜ夢を持つのか？　どのようにして夢に近づくのか？

何を手に入れるのか？

魂の冒険を描いたこの小説が、僕は大好きなんです。ボロボロになるまで読んで、何回も買い直し、大切な人たちにも贈ってきました。

「アルケミスト」というのは錬金術師のことですが、この本での「アルケミスト」とは、「大いなる魂と対話する人」というような意味合いです。

本書を書いている時、ふと、この本を手にとって、何気なく開いたページに、こんな言葉が書いてありました。

「賢人は、この自然の世界は単なるまぼろしで、天国の写しに過ぎないと言っている。この世が存在しているということは、ただ単に、完全なる世界が存在するという証拠に過ぎないのだ。目に見えるものを通して、人間が霊的な教えと神の知恵の素晴らしさを理解するために、神はこの世界を作られたのだ。それが、行動を通して学ぶと私が言ったことなのだよ」（『アルケミスト　夢を旅した少年』より）

これは主人公サンチャゴの師である、アルケミストのセリフです。

人の夢には本当に、終わりがありません。それは時に試練の姿を取ることもあるようです。

どうすれば、自分の魂の願いを知ることができるのでしょう？

そのヒントを、次の章でみことちゃんは教わっていきます。

Episode 10

あなたの「魂の願い」を教えてくれる魔法の質問

白いヒゲのおじさんは、ニコニコしながら言いました。

「これからたくさんの人が、自分の魂の望みをどんどん叶えていく。そういう世の中になっていくんだよ。

みことちゃんも、地上に戻ったら、うんと楽しむといいよ。

ところで、みことちゃん。ポケットに入れてる、その夢の実だけどね」

みことちゃんはギクッとしました。

「あははは。これね。あのさ、ちょっとだけ、私さ、研究したくてさあ。ちょっと、持ってきちゃったんだよ」

みことちゃんは、夢の実を1つ、内緒で持ってきたのでした。

なぜバレてしまったのでしょう?

「みことちゃん、よく見つけたね。それは今、大人気の漫画家さんの夢の実だね」

「そ、そうだよね。ちょっと、この漫画家さんの夢を研究したくてさぁ。テレビでも見たことがあるし、ステキな漫画家さんだなあと思って……」

実は「見たことがある」どころか、熱狂的な大ファンなのです。お小遣いやお年玉を全部つぎ込んで、かたっぱしから買ったコミック全巻。それを何度も何度も読んで、登場人物の人生に、笑ったり泣いたり怒ったり……。ソファでも、ベッドでも、ドキドキワクワクしながら読んでいました。

みことちゃんがあまりに夢中なので、最初は「そのくらい熱心に勉強すれば、算数で30点とかとらないですむのにな」と言っていたお兄ちゃんまで、ついに、この漫画家さんの大ファンになってしまったほどです。

みことちゃんが内緒で持ってきた〝夢の実〟。

この〝夢の実〟の中には、なかなか芽の出なかった漫画家さんが、ついに、出世作を漫画雑誌に連載して、単行本が大ヒットして、アニメ化されて、日本中で大ブームになっていく過程が、映画のように収まっていたのです。ちらっと夢の実の中身を見た時に、みことちゃんは、全身にビビビ！　と電撃が走りました。

「この実さえ、手元にあれば、自分も同じように夢が叶うんじゃないか」

そんな気がしたのです。

「みことちゃん。その夢の実は、その漫画家さんの、本当に素晴らしい夢だね。その人は、本当に、夢中になって生きている」

「う、うん。そうだよね。ご、ごめんなさい！　つい持ってきちゃったの」

と言って、みことちゃんは、漫画家さんの〝夢の実〟を差し出しました。

「なんだい。全然、謝る必要なんかないよ。

夢を叶えた誰かに憧れることって、ステキなことだ！　いいことだ！

それはね、みことちゃんの内側の深～いところが反応しているんだよ」

「えっ、そうなんだ！」

てっきり、「泥棒しちゃダメだぞ」って叱られるかと思ったみことちゃんは、拍子抜けしました。

「ははは。あのね、人の夢って盗めない。夢泥棒ってできないんだよ」

白いヒゲのおじさんはニコニコしてそう言ったかと思うと、突然、「ぽう！」と叫んで、踊り出しました。

「あれ？　だんだん、本物のマイケル・ジャクソンのダンスに似てきた」

おじさんが踊るのを見ていて、みことちゃんも楽しくなって、自然と体が揺れてきます。周囲に生えているお花たちもリズミカルに揺れています。

「ぽう！」と言っておじさんはポーズをとって、ドヤ顔でこっちを見ました。

「わしは、盆踊りも好きだけど、マイケルが本当に大好きでね。

わしだけじゃない。彼のことは大天使ミカエルが応援してるんだよ。

マイケルは、人種や国境を超えて、愛と平和と平等のメッセージを伝えた。

彼は家族のことで、いろんな苦労も味わった。

けど、それを乗り越えて、素晴らしい仕事をしたのさ。

ちなみにだけどね、マイケルとか、ミッシェルって名前の人はね、
大天使ミカエルが応援してるんだ」

「またまた〜！　おじさんったら、冗談でしょ」

「ほんとだよ。どんな人の名前にもステキな意味があるんだ。それでね。マイケルのことが大好きだから、わしも、ますます踊るのが好きで、得意になったわけさ。ぽう！」

「ふ～ん」

「わしがダンスを踊る。だからって、マイケルのダンスに傷がつくわけじゃない。マイケルのダンスが減っちゃうこともない」

「まあ、それはそうだね。おじさんのがどんな変な踊りでも、マイケルが目くじら立てたりしないだろうし」

おじさんは構わず続けます。

「憧れたり、尊敬したり、うらやましいって思ったりしたからって、誰かから罰せられることなんかない。

みことちゃんはね、その漫画家さんの魂と反応し合っているんだよ。

実は、お互いに助け合う、魂の仲間なんだよ」

「えぇーっ!!　どういうこと?」

「みことちゃんは、その漫画家さんの漫画を読んで感動する。

漫画家さんだって、読者さんがいなけりゃ、いい漫画を描けない」

「それは、確かにそうだね」

テレビで見た漫画家さんは、自分も漫画が大好きだし、読者の子どもたちが喜んでくれるから、徹夜が続いても全然平気だと目を輝かせながら言っていました。

「読者として楽しんで、応援するというのも、立派な夢の1つなんだよ。

そして、それは、漫画家さんの夢を叶えていることでもあるんだ。

それでね。ここからが肝心なことなんだけど。

誰かが夢を叶えているのを見た時に、あなたの心が動いたとする。

それはね。『あなたも、それができますよ』っていう、魂のお知らせなんだよ。

人の夢に憧れたり、感動したり、真似したいとか、
うらやましいと思ったりするのはね、自分も、
その人とよく似た夢や、願いを持っているってことなんだ。

そして、その夢を叶えていけるっていう、魂のサインなんだよ。
自分に全然、関係ないことには、魂は反応しないんだ」
それを聞いて、みことちゃんはとってもうれしくて、ワクワクしてきました。
「魂ってすごいんだね。じゃあさ、そういう魂のお知らせって、他にもあるの？」
するとおじさんは「ぽう！」とひときわ大きく叫んだかと思うと、
グルグルグル〜と何十回転も、コマのように回って、ポーズを決めました。
気のせいか、おじさんはちょっとフラフラしています。
みことちゃんも目が回りました。

「とってもいい質問だね！

ひとことで言えば、**〝喜びグルグル〟**ってのが特徴なんだよね」

「喜びグルグル〜!?」

「そう。〝喜びグルグル〟っていうのはね。

自分が喜ぶ。周りが喜ぶ。地球の命が喜ぶ。そういうような意味なんだけどね。

それはね、魂が、何回も何回も生まれてきてまで、叶えたいよ～！　って願っていることなんだ。

で、それは誰でもあるし、今の生活の中から、とっても簡単に見つけることができるんだよ」

「今の生活の中で？」

「そうさ。これから、とっておきの『魔法の質問』を教えてあげる。

この魔法の質問を、自分の胸のあたりに、投げかけてごらん。

どんな時でも、必ず、魂が答えてくれるよ。

もし、その時にわからなくても、2～3日中に、ふと心に浮かんできたり、夜寝ている間に、夢に見たり、身の回りの誰かや何かから、お知らせがやってくるからね」

「へ～！　おもしろそうだねえ」

「いいかい。では質問です。

あなたの『魂の望み』を教えてくれる質問

- あなたがなぜかワクワクしてしまうことはなんですか？
- あなたが憧れている人、尊敬している人はどんな人ですか？
- 誰かがやっていることで、応援したいことはなんですか？
- 小さい頃に、いつもやっていたことはなんですか？
- 親から、小さい頃によくやっていたねって言われることはなんですか？
- それをやると考えただけで、なぜか楽しくなってくることはなんですか？
- 前からずっと、ずっと、やってみたかったことはなんですか？
- 死ぬまでに、やってみたいことはなんですか？
- 食事やトイレも忘れるほど、夢中になってしまう大好きなことはなんですか？
- 自然と上手にできてしまうことはなんですか？
- 普段から、お金をよく使っていることはなんですか？
- お金の心配がなかったら、やってみたいことはなんですか？
- 人からよく頼まれることはなんですか？

・人からよくありがとうって言われることはなんですか？
・人から褒めてもらえることはなんですか？
・やりたいと思ってるけれど、やるのが怖いことはなんですか？
・なぜか心ひかれる、漫画や小説や映画は？　その題材や主人公の生き方は？
・一度は行ってみたい場所はどんな場所ですか？
・人生で最高にうれしかったのは、どんな時ですか？
・なぜか心の一番奥にある、あなたの消えない願いはなんですか？
・自分が乗り越えてきたことで、誰かに何かを提供できそうなことはなんですか？」

　みことちゃんは、あんまり質問が多いので、グルグルと目が回るような気がしました。

　そんなみことちゃんに、おじさんは、笑いながら言います。

「でもあればいいんだよ。それをやってみることさ」

HP研究所）というシリーズがあります。著者のブライア
、魂、前世、輪廻転生、精霊、未来生といったスピリチュ
て、このシリーズに重要なヒントを記しています。

博士は、最初、子ども時代を思い出す催眠療法でキャサリンという患者さんを癒すのですが、彼女は突然、五千年前のエジプトでの人生を話し始めます。キャサリンは、エジプトでの過去だけではなく、さまざまな時代、人種、性別の人生を送ったことを思い出すのです。それにつれて、キャサリンは、封じ込めていたマイナス感情からも解放されて、神経症から回復していきます。その様子は、驚きに満ちていて、ワイス博士自身にも変容を迫ります。

自分の本質を悟り、自分を愛し、人を愛して、「自分が本当にしたいことをして生きる」。これは誰にとっても、深い癒しと幸福感をもたらすのだと思います。

この本を翻訳した山川紘矢先生・亜希子先生ご夫妻は、次のことを教えてくれました。

「魂は、何回も生まれ変わる中で、いろんな経験をしてきます。

そして、今回、生まれてくる時、お空の上で、今度は、これをやってみたい！　今度は、こういう自分になろう！　と、決めてきているんですよ。

それにぴったりの環境や、両親を選んでいるんですね。

じゃあ、その目的って何かというと、ヒントは、今の生活の中にあるんです。

宝探しのように、生活の中でヒントをたどっていくと、必ずわかるようになっている。自分自身で魂の計画を立てているんですね。

例えば、あなたが、自然と、上手にできてしまうこと。

あなたが、人から、これやってくださいってよく頼まれること。

なぜか興味があったり、好きだったりすること。カレーが好きとかね（笑）。

そうしたことって、実は、今回の人生だけじゃなくて、何回も、何回も、生まれ変わりながら、あなたは、そのことをやってきているんですよ」

今、明確な夢がない、夢がよくわからない、という方も、今の生活を丁寧に味わい、楽しみながら暮らすことで、だんだん見えてくるかもしれません。

Episode
11
「夢の実」のミックスジュースを作ろう！

みことちゃんは、ぼけっとした顔で、お空の上の小鳥を見ていました。

それをみた、白いヒゲのおじさんが、楽しそうに声をかけます。

「なんだい、みことちゃん、ずいぶん、ぼんやりしているね」

「うーん、そう？　あのね、小鳥たちは、いいなと思ってさあ。

私はね、ちょっとわからないことがあって。

あのね、小鳥たちはお空を飛んだり、歌ったり、やることがシンプルだよね。

はっきりしているなって思って。でもさ、人は、十人十色なんだよね」

「そうだね。1人1人違う。1人の人の中にも、いろいろな可能性がある」

「それでさ、私は結局、何をやったら、

『魂の望み』を叶えていけるのかなって思ったんだよね。

ワクワクすることをやるのがいいって話だったじゃない？」

「そうそう。ワクワクすること、ワクワクするもの、
ワクワクする人、ワクワクする場所。
ワクワクは、自分の魂が『こっちに進みたい』という方向性を教えてくれるんだ」

「そこがわからないんだよ！　それってさ、1人1個じゃないよねえ。
例えば私は何にワクワクするかっていうと、漫画が一番好きなんだよね。
でもさあ、漫画以外の本だって好きだし、歌うのが好きだし、
踊るのも好きだし、お料理するのも、お菓子を作るのも好きだし、
キャンプに行ったりするのも、泳ぐのも、釣りをするのも好き。
ワクワクすることがいっぱいあるんだよね。
いったいどれをやればいいのよ？　って思っちゃうんだよ。
それにさ、大人になったら、お金、稼がないといけないでしょ」

「ははは。みことちゃん、ぼんやりした顔していると思ったら、
ずいぶん大人っぽいこと考えていたんだねえ」

「何よぉ〜」
「確かにね、みんな、生まれる時に、〝夢の実〟を1個だけじゃなく、
10個も100個も持って生まれるんだよ。
音楽が好きで、映画が好きで、おしゃれが好きで、っていう具合にね。
まずは『暮らしの中で好きなことを楽しむ』というので全然構わないんだ。
地上のみんなに、わし、ときどき、ささやくんだよ。
とにかく、あなたの好きなことをやっていくと、
お空の上で決めてきた夢を果たせますよって、ね」
「あ、そういうことしてくれてるんだね。ありがとう」
「みんな、心の奥底からの声が聞こえてるはずなんだけど、知らんぷりを決め込む人
もいる。特に大人になるとね。
『私なんかとても無理、才能も経験もないから』
『生活があるから難しい』
『好きなことでご飯を食べられるわけがない』

とかって思っちゃう人がいるんだ。だけどね、お金って、
大好きなことを追いかけていくと、後からついてくるものなんだ。
まず最初は、好きなことを楽しむってことでも全然いいんだよ」
「ふう～ん。そんなに気楽でいいわけ？」
「いろいろ考えた挙句に、何もやらない人が結構いるんだけどね、
もったいないよ、せっかくの〝夢の実〟の持ち腐れになってしまうからね。
それでね、みことちゃん、夢を叶える3つめのコツはね。
『**夢の実のミックスジュースを分かち合う**』ってことなんだ」
「えーっ!?　ミックスジュース!?」
「そう。ミックスジュース。そのミックスジュースは、世界に1つしかない、
みことちゃんブレンドのジュースなんだよ」
「どうやって作ったらいいの？」
「簡単さ。やりたいこと、好きなこと、ワクワクすること、得意なこと、
人に喜ばれること、自分が体験してきたことで人の役に立てること、

そういうことを全部書き出してみて、混ぜ混ぜしてみること」

「つまり、それって、組み合わせてみるってこと？」

「そうともいう。そして、それを、自分でやってみて満足するだけじゃなく、

『人に味見してもらう』

『分かち合ってみる』

ってことが大事なんだ」


「ジュースって聞くとさ。すごいまずいジュースだったらどうしよう、とか、奇妙キテレツな味だったらどうしよう？　とかって考えちゃうね」

「ははは。このミックスジュースには特徴があってね。

必ず、その人ならではの人生経験を生かした、
最高においしいブレンドがあるんだよ。

それは、たくさんの人を元気づけ、魂の目覚めを促す、命の水になるんだ。

それにさ、もし変わった味でもいいじゃないか。

世界は広い。変わった味のジュースを飲みたいって人だって多いんだよ。
お金は必ず、後からついてくる。
心配せずに、自分だけのミックスジュースを作ることさ」
「そうかあ。じゃあ、私の場合は、漫画でしょ、それから、物語とか、
えーっと、そっか、私の病気のこととかも、そうなのか。
それに、私ならではの特徴のある味っていうと、
白いヒゲのおじさんとお話ができること、とかも、そうなのかな⁉」
「そうそう、その調子。分かち合ってみて、いま1つだなって思ったら、
何回でもジュースは作り直せるし、年齢とともに味わいも深まるからね。
みんなに喜んでもらえたら、お金は絶対についてくるから、
まずは、おいしいジュースを作ること。いいかな？」
「うん！」

Episode
12

あなたがやりたくない〝嫌なこと〟は何を教えてくれるのか？

「それでね、みことちゃん。1つ大事なことを付け加えておこうと思ってね。生きてると、いろんなことがある。時には、自分が本当にやりたいことや、大好きなことや、ワクワクすることが、わからなくなっちゃうことがあるんだよ」

「ヘエ〜！ なんで!? 私なんか、大好きなことだらけだよ」

「うんうん。子どものうちはだいたい、そうなのさ。

ところがね。大人になっていくにつれて、

〝あれ？ 自分って誰だっけ？ 自分って何をやりたいんだっけ？〟

ってなってしまう人も結構多いんだ」

「そういえば、前に、おうちでテレビを見てた時、みんなで将来の夢の話になったことがあったんだよ。その時、ママが言ってた。

〝ママは、やりたいことがよくわからない。

昔はあった気もするけど、今はよくわからない〝って」

その時、みことちゃんと、みことちゃんのお姉ちゃんが口々に、

「ママは頭がいいし、かわいいからなんでもできるよ！」

「ママは今、忙しいからさ」

と言いましたが、なんとなく空回りした感じがありました。

そこで、よせばいいのに、パパが
「パパもそう思うよ。だけどママは体調を整えるのが先だね」

と言って、一瞬で空気が硬くなったのでした。

ママは「あなたに何がわかるの」と立ち上がり、別の部屋に行ってしまいました。

《もう。あんなだから、離婚しちゃうんだよ！　ああ、嫌だなぁ》

そんなみことちゃんをじっと見ながら、おじさんは言います。

「あのね。もし、やりたいことがわからなくなったとしても、
それは一時的な、魂の記憶喪失みたいなものなんだ。

必ず思い出せるから、心配いらないんだよ。

そういう時は、休憩時間だと思って、思いっきりのんびりするのもアリなんだ。

それで、そんな時に、役立つヒントがあるんだよ。

それはね、〝嫌なこと〟。〝これをやるのは嫌だなあ〟ってこと」

「ええ～!? どういうことよ」

「〝嫌なこと〟ってね。それなりの理由があるんだよ。

時には、好きなことと同じくらい、いや、それ以上のヒントをもらえるんだ」

「ええ～っ！ そうなの！」

「念のために言うけど、〝嫌なこと〟を、ずっと考えてなさいとか、

〝嫌なこと〟を、我慢したほうがいいってことじゃないよ。

〝心に咲いてるお花〟が枯れちゃうからね」


みことちゃんは、小学校の学年主任の先生を思い出していました。

この先生は、ものすごく厳しくて、ネガティブなものの言い方をします。

ちょっとした計算ミスをした時にも、すごくネガティブな反応をするので、男の子

たちが「ミス・ネガティブ」とあだ名をつけたほどです。

担任の先生が、赤ちゃんを産むための休暇を取った間、ミス・ネガティブが、算数の授業を受け持ちました。

「あら、あなた、みことさん！　またこんなミスして！

もう高学年なんですから、自覚を持ってください。

答案用紙に変な漫画なんて描いて！

こんな問題もできなかったら、将来、困るわよ。

苦手な人ほど、たくさんドリルをとかなきゃダメ！」

と、みことちゃんに宿題をどっちゃり出したのです。

（まずいことに、ミス・ネガティブの似顔絵を答案用紙に描いていたのでした）。

以来みことちゃんは、もともと苦手だった算数が大嫌いになりました。テストでうんと悪い点を取るので、お兄ちゃんがからかってくるし、ママが心配するし……。最近では、返ってきた答案をビリビリに破いて捨てることもありました。

「ははは。みことちゃんは、好き嫌いに素直だからね。

幼稚園の時、お弁当のピーマンを砂場に埋めたこともあったでしょ」

「み、見てたのね⁉　あれは、ピーマンの木が生えると思ったからさ……」

それには答えず、おじさんは続けます。

「〝嫌なこと〟ってね。必ず、理由があるんだよね。

大まかに言えば3つあるんだけど、1つめはね。

〝今回の人生では、あなたには必要ないですよ〟っていう、

魂からのお知らせ」

「あ、やっぱりね！　算数なんて、私の人生に絶対に必要ない！　って思うもん。

計算とかさ、得意な誰かにやってもらえばいいもんねー、だ」

「ははは。まあ、そういうことって本当にあるんだよね。

これで、みことちゃんは、数学者にならずに済んだだろ。

でね、みことちゃんは嫌いな算数だけど、他の人は大好きってこともある。

〝人生をかけて算数をやりたい〟って場合もあるんだよね。例えば、ほら」

おじさんが手をサッと振ると、空中に、映画館の特大スクリーンが現れました。

映し出されたのは、なんと、ミス・ネガティブが、みことちゃんたちの卒業式で大泣きして、ハンカチで一生懸命、涙と鼻水を拭いている場面でした。花道を歩いてきたみことちゃんに、ミス・ネガティブは、泣き笑いしながら何かを言っています。

「この先生はね、実は、算数も、生徒も大好きでたまらない、とっても情熱的な先生なんだよ。ちょっと、スクリーンを見てごらん。

彼女は小さい頃に、おうちの商売が失敗して、お金のことでずいぶん苦労しながら育ったんだ。

だから、生活の中で数字を大事にすることが、人生や家族を守ってくれるって信じているんだね」

「うわあ、こんなの……。見せないでよー」

そう言いながら、みことちゃんは、ミス・ネガティブのことがちょっと、わかってきた気がしました。

《じゃあ、私に、あんな形で、〝あなたには算数はいらないのよ〟って教えてくれたのかな？　大きなお世話だよー……》

おじさんはもう一度手をサッと振って、スクリーンを消しました。
「話を戻すとね。人は、本当にやりたくない〝嫌なこと〟を、
我慢してやり続けてると、体や心がぎゅーって、固くなっちゃうんだよね。
仕事やなんかでも、〝嫌なこと〟を続けてると、
自分の好きなことがわからなくなるし、体調がうんと悪くなることだってあるんだよ。
体って、すごい力がある。本当の気持ちを、ちゃーんと教えてくれるんだ。
自分の心や体が、「嫌だ！」って悲鳴をあげてるのに、
それを無視して、周りの人が喜ぶからとか、周りの目が気になるからとか、
生活のためっていう理由で、〝嫌なこと〟をがんばっちゃう人って多いんだ」

それを聞いて、みことちゃんは、ママの顔を思い浮かべ、次に、みことちゃんのお姉ちゃんの顔を思い浮かべました。
ママは小さい頃から、勉強もスポーツもよくできる、がんばり屋さんでした。ママは、自分ががんばれば、お父さんとお母さんが仲良くなると思っていたのです。弟も

笑顔が増える。家族がもっと笑顔になると思ったのです。

みことちゃんのお姉ちゃんも、どんな科目もできるのですが、本当は音楽をもっとやりたいと思っています。勉強しながら歌ったり、夜中に音楽のユーチューブを見ているのを、みことちゃんは知っていました。

「みことちゃん。ママのことも、お姉ちゃんのことも、心配はいらないよ。必ず、自分の魂の望みを叶えていくからね。

もちろん、勉強ができるのも、素晴らしいことなんだよ。

なぜか得意なことって、必ず、その人にとって、意味がある。

人生には無駄はないからね。

だけど、もし、他にもっとやりたいことがあるなら、ちょっとずつでも、そっちを優先していっても、いいんだ。

そして、本当に、自分の元気がなくなっちゃうくらい〝嫌なこと〟を続けるのは、自分の命に対するいじわるみたいなものだからね。

そういうことは、ちょっとずつ、やめる方向に持っていってもいいんだ。

自分を責めず、そして、できる範囲で、いいからね」
「そうだよね！　算数は、私、もうやめる。自分を責めないよ〜」
「ははは。いきなりやめるのは無理な場合があるけどね。
そういう場合は、ちょっとずつやめて、好きなことの時間を増やすこと。
〝嫌なこと〟も、自分と向き合って、魂の声、命の声を聴くチャンスをくれる。
で、本当に、〝嫌なこと〟だったなら、それは減らすこと。
やめてもいいいんだよ。そうすると、心や体が元気になるよ。
ワクワクする気持ちや、好きだっていう気持ちや、
こういうことをやりたいなあっていうパワーも戻ってくるからね。
結局そのほうが、自分もうれしいし、
周囲のみんなにとっても、地球の命にとってもうれしいんだよ」
「うん。ママやお姉ちゃんにも話してみようかなあ」
「じゃ2つめ。

〝一見、嫌なことだけど、深いところでは関心がある〟って場合がある。
実は、長いご縁があって、今回の人生で、必要なんだけど、
見ないふりをしていることがあるのさ。
そういう場合は、いざ、やってみると好きになるし、
元気になる。いわゆる〝食わず嫌い〟ってやつだね」
今度はパパの顔が思い浮かびました。もともと、土日は昼までゴロゴロしていたのですが、突然、早起きして、朝、近所の公園でヨガをやっているのです。
「そういえばパパ、いきなりヨガを始めたよ。
体が硬いから、ヨガなんてやりたくないって言ってたのに。
今はねえ、体が痛くて大変だなんて言ってるけど、
教室に行ったり、なんか楽しそうにしてる」
「そうだろう。内緒だけど、パパは、何回か前の人生で、
ヨガの本場ヒマラヤの山の中で、ヨガの修行をやっていた。
山の洞窟で亡くなったんだよね」

「えーっ⁉」

「縁があるから、なんだか気になる。縁があるから、感情が揺れ動くんだよ。
だからね。すごく気になることがあったら、試しにやってみる。
全力で関わってみる。それで、自分の体と心が元気になるかどうか、
楽しくなるかどうかを見てみるのさ。それで決めるといいんだよね」

「うーん、そうなんだね」

「3つめ。『**嫌なこと、腹が立つこと、悲しいことがある場合、
それを解決するための才能を授かっている**』。よくあるんだ。
例えば、みことちゃんは、すごくつまらない漫画を読んだ時、どう思う？」

「読んで損したなあって、腹が立つね。お前それでもプロか！　ってさ」

「ははは。つまりみことちゃんは、
その作品よりおもしろい漫画を描ける可能性があるってことなんだ。
自分だったら、この世にもっといい漫画を提供できると思うからこそ、

腹が立つんだよ。

自分に関係なかったら、全然、心が反応しないものなんだ」

「確かに！　私だったらこういう漫画にするのになあって思うもんね」


白いヒゲのおじさんが、ちょっと黙って、ニコニコしてから言いました。

「みことちゃん、みことちゃんのパパの魂の物語を、ちょっと見てみるかい？」

みことちゃんの目の前がまぶしい空間に変わりました。

「みことちゃんのパパの過去生だよ。

時代も、場所も、立場も、外見も、性別もいろいろだ。だけど、みんな、パパと同じ瞳を持っている。同じ魂は、同じ瞳を持っているんだよ。

みことちゃん、パパの魂の視点になって、パパの過去生を見てごらん」

◆

次の瞬間、みことちゃんは、自分が見知らぬ場所に立っていることに気づきました。

見回すと、空がオレンジ色に染まっています。空気もオレンジ色です。

見たこともない形の、高い建物が無数に立ち並んでいます。

人は1人もいません。動いているものは何もありません。

みことちゃんは、女の人になって、ある星の、ある時代の、文明の終わりを眺めていたのです。この女の人は、この文明のリーダーの1人だったのですが、滅亡するのを食い止めることができず、そのことで自分を責めていました。

「私は何もできなかった。みんな、ごめんなさい」

みことちゃんは、この人の深い悲しみを一緒に感じました。

「でも、この女の人がパパなの？」

◆

次の瞬間、別の時代の、別の風景に切り替わりました。

「うわあー！」

今度は、みことちゃんは、鎧《よろい》のようなものを身につけて、空を飛んでいるのでした。

巨大な槍を持って、広大な荒野の上を、風を切り裂くように飛んでいきます。

「こ、この人もパパなの⁉」

手に持った槍から、恐ろしい稲妻が飛んで、敵を打ち砕いていきます。この人は、周りの人たちを励ましながら、「邪悪な敵」と戦っているのです。まもなく決着がつこうという時、戦場を、「祈りの光」が包みました。するとなぜか、敵も、味方も、みんなが、何のために戦っていたのかを忘れてしまいました。敵と味方の境目もなくなって、混沌とした状態になったのです。

その時になって、ようやく気づきました。初めから邪悪な敵などいなかったのです。よかれと思って戦っていたのに、実際は、たくさんの命を奪っていたのでした。

「俺は、いったい、何をやっていたんだろう」

すると、どこかから「祈りの光」を送っていた女の人が、空を覆うような巨大な幻影となって現れ、こう言いました。

「信じるならば、もっと大きなものを信じなさい」

◆

次の瞬間、別の時代の、別の風景に切り替わりました。今度は、みことちゃんは、白い衣を着たおじいさんになって、雪山を眺めていました。

空の下に尖《とが》った白い峰が並んで、その下に、信じられないほど青い湖が見えます。

「今度は、おじいさん。この山はどこの山？　もしかしてヒマラヤ？」

おじいさんは、ゆっくりと歩いて、洞窟に入って、布の上に横たわりました。

洞窟には、石を切って作った棚があり、数え切れないほどの巻物が置いてあります。

そこには、数千年を経た知恵が記してあるのです。

美しい鹿が現れて、あの青い湖のような瞳で、おじいさんを見つめました。

おじいさんが目を閉じると、あとは青い空間が無限に広がりました。

◆

次の瞬間、みことちゃんは、粗末な小屋の中にいる自分に気づきました。

「これもパパなの？」

今度の男の人は、みすぼらしい格好をしていました。

目の前に、古いベッドがあって、そこに、女性が横たわって、苦しそうにしています。その女性は病気で死ぬところでした。

男の人は、大きな手で、女の人の小さな手をきつく握りしめています。

自分の魂を救ってくれた人を助けられなかった後悔と、力が及ばなかった苦しみで、大きな手はブルブル震えていました。

自分の非力を詫びる言葉が、口からほとばしり出ます。女の人は少し口を動かして、目を閉じます。貧しさと飢えの連続、それでも楽しかった時間と、笑顔。

小さな手の中から、そのすべてが流れ出して消えていくのを感じて、男の人は、絶叫するように、女の人の名前を呼びました。

◆

次の瞬間、近代的な出版社のビルの中で、きびきび働いている男性の視点に変わりました。パソコンに向かって何かを書いています。電話で何かを話しています。

仲間と会議室で、楽しそうに打ち合わせをしています。

時計をチラッと見ると席を立ち上がり、携帯電話で、家に電話をかけました。

「あ、みことちゃん。パパだよ。今日は早いからね。

おうちで晩ご飯食べたいなあ。ママに言っといてくれる？」

◆

「パパ、パパだ！　やっぱり、パパなんだねー！」

「みことちゃんのパパの魂が、みことちゃんには見せてもいいって言うから、見てもらったよ。パパの魂の願い、わかるかな？

愛する人や家族と、仲良くすること。

人の健康や幸せの役に立つことをすること。

平和のためのコミュニケーションを広げること。

勇気を出して一歩踏み出すこと。時間切れにならないように行動すること。

それが、みことちゃんのパパの魂の願いなんだ。

過去生で、深い悲しみを体験して、それを繰り返すまいとしているわけなんだ」

「そうなんだね。ひょっとして、だからパパは、病気のママに対して、あんなに怒ったわけ？　なんかさ、ちょっと本末転倒って感じだよね」

「**願いを持っているからこそ、その逆のことに対しては、感情的に強く反応してしまうことがある**んだよ。

それは、その人の才能にもつながっているんだ」

幼い頃から、天才的に何かができる人って、世の中にいますよね。ピアニストとか、将棋のプロとか、そうした人たちです。モーツァルトは3歳でピアノを上手に弾けたそうです。実は、彼らは、前世でも技を磨いていた。だからこそ、小さい頃から、天才的な才能を発揮できるのだそうです。

絵が得意なら、前世で画家だった。イタリア料理が得意なら、イタリアに住んでいた。どんな人でも、そういう「何か」を持って、生まれてきている。

そんなことを、山川紘矢先生・亜希子先生ご夫妻は教えてくださいました。

ご自身の生まれ変わりについても、以下のように語ってくださったのです。

山川紘矢「僕は、世の中をよくしたいという気持ちがあります。前世では革命をして、いつもうまくいかなくて、ああ、暴力的な革命はよくないな、と学びました。今回は、『人の意識が変わることで、世の中が変わる』のが1番で、そのことをしにきたのではないかと、自分なりに気がつきました。

それから、その昔、何か書く仕事をやってたみたいですよ。昔どこかで」

山川亜希子「おもしろかったのが、ある出版社の社長さんが、アレキサンドリアの図書館の館長さんだった（笑）。

私たちの魂は、輪廻転生しながら、自分のスキルを磨いていく。そう考えたら、今は作家だけど、前は書記だったかもしれない。ただ書くことが好きだったのかもしれない。子どもに作文を教えていた先生だったかもしれない。主婦の人で言えば、掃除は好きだけど、料理は嫌いとか、子どもや夫との関係などから、気がついていくこともあると思います。

それからおもしろいのは、「嫌いなこと」って、ある意味では関心のあることなんですよ。

例えば、スピリチュアルなことに反感を持っている人っていますよね。そういう人は、本当は興味を持っているけれど、何かの具合で嫌っていることもあります。昔、スピリチュアルなことをやってつらい体験があったのかもしれない。過去生に、魔女裁判で殺されたとか。

そう思うと、嫌いとか苦手という気持ちも、いろんなヒントをくれるんですね。実際、苦手と思ったことをやってみたら、意外とおもしろいということもあります。だから、嫌いなことは避けなさいってことかと言えば、必ずしもそうじゃない」

山川紘矢「いずれにしても、あなたは、やるべきことを、今やっている」

山川亜希子「だから今やっていることを、きちんとやりなさい。正面を向いてやりなさい。この仕事もあの仕事もダメってなったら、たぶん、今生、なかなかうまくいかないでしょう。これは嫌いだから、過去世でも、きっとやってないからやめようっていう人は、ちょっと待ちなさいって言いたい(笑)。一生懸命やれば変わっていきますよ。どんな仕事の中にもおもしろさが必ずある」

山川紘矢「今、自分がやりたい仕事をやっている人は幸せです。だけど、仕事はお金になるからやるっていう人も、安定するからやるっていう人もいる。どの道も間違っているわけではありません」

Episode 13

魂の望みの叶え方には、2種類ある！

「ところでね、さっき、みことちゃんは、ママが今は特にやりたいことがないって言ってたってことで、心配していたね」

「うん。私たちの子育てで忙しかっただろうしさあ。ずっと体調も良くないし……。若い頃は、映画とか、英語のお仕事、やりたかったみたいなんだけどね」

「心配いらないんだよ。ママは、今は『**応援さん**』の時期なんだ」

「応援さん？」

「願いの叶え方って、実は、大きく分けて、2種類あるのさ。

1つが、自分が大好きなこと、やりたいことをして夢を叶えていく、『**夢もちさん**』。

もう1つが、誰かが大好きなことをやるのを応援したり、
人が夢を実現するのを応援したりする、『**応援さん**』。

みことちゃん、もしかして、やりたいことがハッキリある人のほうが、

えらいと思っていないかい？　どっちも同じように、素晴らしいんだよ」

「ええっ⁉　私はてっきり、その〜。『夢もちさん』ってほうが、えらいっていうかさ、みんなが『夢もちさん』やらなきゃいけないのか、と思ってた」

「ははは！　そんなに肩に力を入れてちゃ、息が詰まっちゃうでしょ。

もっと楽しいものなんだ。どっちも、地球を愛で包むためにやっていることなんだ。

どっちも、素晴らしいんだよ。

だいたい、やらなきゃいけないことなんか、何もない。

みんな、やりたいことをお空の上で選んで、望んで地球に生まれたんだから。

自分がやりたいことを、やりたい時に、やりたい人と一緒にやっていいんだよ」

「あ、そうなんだあ。私、夢を叶えるって、なんか、スポ根ものの漫画みたいなもんかと思っちゃってた」

「そうしたければ、そうするのも楽しいんじゃないかい。

話を戻すとね、『応援さん』って、本当に素晴らしいんだよ。

『応援さん』がいなければ、何にも成り立たないんだ。

例えば、みことちゃん、漫画家さんになったとしてね。
誰かが手伝って、応援してくれなかったら、
みことちゃんが描いた漫画、本屋さんに並ぶと思うかい」

そのあたりの研究は、みことちゃんもしています。

「本が出るには、えーっと。アシスタントさんがいて、編集者さんとか、出版社の人とかがいないとダメだよね。あ、そっか、応援さん！」

「本のデザインをする人、印刷会社の人、紙屋さんで働いている人も必要だよね」

「あ、おじさん、地上のことに詳しいんだね」

「そりゃそうさ！　いっつも地上を見てるからね。

本を運んでくれる運送関係の人、本屋さん、本を買う読者の人たち、みんなが力を合わせた、その結果、漫画の本は出る！」

ドヤ顔で、おじさんが1冊の漫画を取り出しました。

「あ！『聖《セイント》☆おにいさん』だ！」

『聖☆おにいさん』は、東京の立川にバカンスに来た、目覚めた人ブッダが、神の子イエスと、安アパートで仲良く暮らしているというギャグ漫画です。2人の日常はコントみたいだし、ボケとツッコミが楽しくて、みことちゃんは、パパの本を爆笑しながら読んでいました。

「わしらも漫画は大好きなのさ。

漫画家さんは、たくさんの人に喜びを与える『夢もちさん』をやっている。

その周りには、漫画家さんを応援する『応援さん』が、たくさんいるんだよ」

「そ、そっかあ〜。私もだね」

「人の夢を応援することって、すごく楽しいよね。漫画をパラパラ読んだり、

友達と、漫画の話をすることだって、漫画家さんの応援になってるんだ」

「え、じゃあ、スポーツの応援とか、大好きな俳優さんの映画を見たりするのも、

『応援さん』なんだね」

「そうそう。誰かの応援をしている時、

自分の中の『大好きだなあ』って気持ちが、世界に広がっていくんだよ。

ママだって、この世で一番愛する子どもたちの成長がうれしいし、家族を応援するのが楽しいんだ」

「えへへ、そうかなあ……。そうだよね」

「少なくとも、今まで、そういう時期だった。

ママは、パパとけんかはするけど、パパの仕事だって、応援している。

子どもたちが毎日、元気に暮らせていることが、

パパの最高のエネルギー源なんだからね。

ママは、家族を応援するって形で、魂の望みを叶えてきたんだよ。

でもね、もし、そういう生活に、どこか物足りなくなったとしたら、

今度は、ママの『夢もちさん』の時期が来るんだ」

「そういうことなの？　時期が来ると、変わることがあるんだね」

「逆に『夢もちさん』をやってた人が、『応援さん』をやることもある。

夢を叶えて大金持ちになった実業家が、寄付するための財団を作ったり、

子どもたちの応援がしたくて学校を作ったりするとかね。
両方を掛け持ちすることだって、よくある。
例えば、家では、家族を応援しているけれど、
外に出たら、自分の夢を追求して活躍する、とかね。
ママの『夢もちさん』が始まる時期は、ママの魂が知っている。
そっちが始まれば、自然と、必要な情報やチャンスが、
全宇宙から、集まって来るんだ。
だから、みことちゃんは、安心して見ていればいいよ」
「うん。わかったよ」
「そんなにニコニコして、みことちゃんは本当に、ママの力になりたい、
応援したいと思ってるんだね」
「そりゃ、そうだよ！　ママのこと大好きなんだもん」
「その気持ちが、ママへの最高の応援なんだよね。
ありのままのその相手を、『大好き！』って気持ちで包んであげることが、

一番のサポートになるんだ。

みことちゃんが大好きな餃子のあんを、餃子の皮で丁寧に包むみたいにね」

「餃子？」

「心の光で、相手の全部を、優しく包んであげるのさ。

それでね。もし、周りに『夢もちさん』がいたら、
自分にできることを手伝ってあげるといいんだ。

もちろん、無理のない範囲でね。無償の愛で、『夢もちさん』のお手伝いをしているると、地上では、ご褒美がもらえるようになっているんだ」

「わ！　ご褒美もらえるの!?　いいね、なになに、なあに？」

「ご褒美その1。**臨時収入が増えてくる**」

「臨時収入って何？」

「みことちゃんだったらね、思わぬお小遣いや、プレゼントをもらえたりとかね。

『お金の川』がサラサラ豊かに流れるようになるんだよ」

「うわあ！　やっほう！」

「ご褒美その2。『夢もちさん』をお手伝いしていく過程で、よくあるんだけどね。

『運命の人』に出逢う」

みことちゃんは、顔を赤らめました。お兄ちゃんのテニス部仲間の、サラサラの髪のあの人を思い出したのです。みことちゃんが転んで骨を折って、ギプスをして通学路を歩いていたら、うんと優しく声をかけてくれました。

おじさんは、そんなみことちゃんを見て、ニコニコしています。

「これから先、いろんな出会いがあるから、楽しみにしておいで。

誰かの夢の実現を応援していると、臨時収入が増えたり、

うれしい出逢いがあったりするのは、神様からのご褒美みたいなものなんだよ。

なぜなら、神様のお手伝いをしているからなんだ」

「へえーっ!? 神様のお手伝い?」

「なぜって、神様は、みんなの夢を、いっつも応援しているからね。

だから、無償の愛から人を応援していると、いいことがいっぱいあるし、

因果（魂の宿題）だって、スーッと解消していくんだよ」

応援さん
BOOK
夢もちさん
comic
comic

世界的に活動されているスピリチュアルな作家、アラン・コーエンさんを何度か取材させていただいたことがあるのですが、アランさんは、日本と日本文化が大好きで、次のように語ってくれました。

「日本には、とてもスピリチュアルな文化があります。ただ、日本のほとんどの方たちは自分がスピリチュアルだと思っていないようです。日本人の魂には本当に奥深いものがあり、この地上でもっとも進んでいる文化なのではないかと思います。私は、心から尊敬しています。

私たちは、スピリチュアルな存在で、〝肉体が魂を持っている〟と思われがちですが、事実は、〝魂が肉体を持っている〟のです。魂は、神様のあらゆる性質を持っています。私たちは、愛によって作られました。命そのものであり、永遠の存在なのです。これからの時代、私たちは自分の内面に入って、自分自身と、仲直りする必要があります。そこで、大好きな日本の皆さんに3つ、お伝えしたいことがあります。それは、

『自分自身を信頼すること』
『自分自身を育むこと』
『自分自身を表現すること』
それが日本人の皆さんにとって必要な、魂のビタミンだと思います」

アラン・コーエンさんの語るように、日本には独特の精神文化があります。特に、「言霊《ことだま》の幸《さきわ》う国」と言って、言葉や文字に霊力が宿っているとされているんですよね。「自分自身を信頼すること」「自分自身を育むこと」「自分自身を表現すること」。この3つを果たしていく大きなヒントが、実は、日本人の場合、「名前」の中に畳み込まれているようなのです。

「氏名は使命」という言葉があります。実は名前には、私たちが、「お空の上で決めてきた使命」が、暗号のように隠されているらしい――。次の章でみことちゃんは、1人1人の「名前」に秘められたパワーについて白いヒゲのおじさんから教わります。

Episode 14 「あなたの名前」に秘められたすごい力

白いヒゲのおじさんは、ニコニコして言いました。

「ところでね、みことちゃん。

名前ってね。とっても大きな意味があるんだよ。どんな人の名前にも、

宇宙のものすごいパワーがぎっしり入っているんだ」

「ええっ！　そうなの？」

「そうさ。名前ってね。すごく神聖なものなんだよ。

神様や天使や、仏様の名前を唱えると、守ってもらえるという考え方がある。

それって、実は、世界中にある文化なんだよね」

「マリア様、お助けを〜！　ジーザス！　とかって言うよねえ。

テレビで見たことあるよ」

「南無阿弥陀仏《なむあみだぶつ》と言うのも、阿弥陀如来《あみだにょらい》っていう仏様に呼びかけているんだよね。

インドの人たちは、オム・ナマ・シヴァヤなんて言ったりするよ。シヴァ神っていうのは、破壊と創造をつかさどる神様さ。名前を呼んで、その神様に祈ってるわけ。困った時に神様の名前を叫ぶと、気持ちが楽になるんだよね」

そう言ったかと思うと、おじさんはしばらく黙って、いきなり叫びました。

「みことちゃ～ん！」

「え⁉」

すると、突然、お空の上いっぱいに、透き通った大きな鐘の音が鳴り響きました。

そして、はるか上のほうから、まぶしく輝く巨大な光の文字が、ドドド～ッと降りてきました。

「たかはしみこと」

と書いてあります。

「うわーっ！　私の名前！」

その「た　か　は　し　み　こ　と」の文字の輪郭には、七色の光がぐるぐる巡っていて、全体はホワイトゴールドにきらめいていました。

1個1個の文字が、2階建てのおうちくらいの大きさがあります。

「ひゃあ……」

みことちゃんは、家族で行ったディズニーランドのパレードを思い出しました。

おじさんは、木の杖を取り出して、「と」の文字をちょっとつつきました。

すると、「た　か　は　し　み　こ　と」の名前全体に、立体アニメみたいに、いろんな人の顔や、場所、数え切れないほどの昼と夜の場面が浮かんでは消えました。

そのたびに、文字全体から、まぶしすぎる光があふれ出てきます。

「な、何？　これ」

「何って、みことちゃんの名前でしょ。

だからね、これからは、自分の名前を口にする時、名前を書く時はね。

『**これは神聖な名前なんだ**』というつもりで、

大切に言ったり、大切に書いたりするといいよ。

宇宙からの応援が得られやすくなるからね」

みことちゃんは、どきっとしました。というのも、答案用紙やプリントに名前を書く時、乱暴に書いたり、ぐねぐね書いたりしていたのです。特に、嫌いな算数のテストの時に。答案を出す時、ミス・ネガティブ先生がそれを見て、ちょっと眉毛を上げるのがおもしろかったのです。

今度からは丁寧に、心を込めて書こうと思いました。

「あーバチが当たるかも……」

おじさんは笑って言いました。

「ははははは！　青ざめなくても大丈夫。バチなんか当たらない。いつでも自分ができる範囲でベストなんだから。みことちゃん。好きな人の名前って、特別なものに感じるでしょ。好きな人に名前を呼ばれると、ドキッとするよね」

みことちゃんは、お兄ちゃんのテニス部の友達を思い出しました。いつもさわやかで、背すじが伸びていて、サラサラした髪をしています。

「おー、みことちゃん、こんにちは！」とキラキラした目で言ってくれる……。

もじもじするみことちゃんを見て、お兄ちゃんがニヤニヤしていたっけ。

「神様たちだって、好きな人から名前を呼ばれたら、ウキウキしちゃうんだよ」

「ふーん。そうなんだあ〜。じゃあ、白いヒゲのおじさん！」

すると、「ぽう！」と、マイケル・ジャクソンのように叫んで、おじさんは、

「た か は し み こ と」

の文字の上にピョーンと飛び乗りました。

「おーい……」

おじさんの姿は見えません。遠く上のほうから、おじさんの声が聞こえてきます。

「わし、みことちゃんのこと、大好きさ。みんなのこと、だーい好きなのさ」

「あ、ありがとうね、おじさん」

「お空の上から見てるとね。1つ1つの命が燃えるように輝いてる。

みんなのことを思い出すだけで、幸せなのさ！

命って、本当に、みんなみんな神様なんだよ。

あなたたちの名前って、本当は、神様の名前なんだよ」

「え⁉　神様の名前？　じゃ、私の名前も？」

「そうさ！

みことちゃ〜ん！」

そうやってみことちゃんの名前を叫ぶと、白いヒゲのおじさんが
「たかはしみこと」

の文字の一個一個の上で、猛スピードでムーン・ウォークを決めました。

最後の「と」の文字からツルッと滑り降りてくると、おじさんはピタッと、両足を閉じて、大きく万歳するポーズを決めました。周囲に生えている、お空の上の花が、

「やんや、やんや」と歓声をあげます。あっけにとられている、みことちゃんに、おじさんは、万歳ポーズのまま、真顔で言いました。

「みことちゃん、って自分や誰かが言った時。本当は、それは、
《みことちゃんという名前の神様が、今、ここで生きていますよ。
宇宙で唯一の大切な存在が、ここにいますよ。
みことちゃん万歳！》
っていう、祝福みたいなものなんだよ」
「そ、そうなの？」
「みことちゃんが生まれた日本では、
イザナギノミコト（伊邪那岐命）
イザナミノミコト（伊邪那美命）
オオクニヌシノミコト（大国主命）
とかね、たくさんの神様の名前に、ミコトってくっついてる。
あのミコトっていうのは、《命《みこと》》。
つまり、命はみんな神様ですよってことを、昔の人はそれで表していたんだ」
「あ、それは、神社に行った時、ママが言ってた！」

「だから、カボチャのミコトとかさ。カボチャの命」

「ははは！　それ、おもしろいね。

トマトのミコト、キュウリのミコト、桜のミコト、タンポポのミコト、
ミミズのミコト、テントウムシのミコト、
ゾウさんのミコト、ワンコのミコト……」

「そうさ。マグロのミコト、森のミコト、川のミコト、富士山のミコト」

「わあ〜。富士山のミコト」

みことちゃんは富士山がホカホカ笑うのを感じて、背すじがぶるっとしました。


「試しに、自分の名前に、《ミコト》ってつけて、呼んでみるといいよ。

鈴木一郎のミコトとか、山田花子のミコトとかね」

「え⁉　私は、高橋みことだから、高橋みことのミコトになっちゃうよ」

「そうだそうだ。ステキじゃないか！　特に寝る前に、やってごらん。

お布団の中で、両手を胸や、お腹や、体のどこかに当てる。

自分の名前に、ミコトってくっつけて、
呼びかけて『いつもありがとうございます』って言ってごらん。
その夜、深く休まるし、解決したいことがある場合は、
夢でメッセージをもらえることもあるからね」
「ふうーん。高橋みことのミコト、いつもありがとうございます、って？」
「そうそう。地上に戻ったら試してごらん。
みことちゃんは、どうして、みことって名前になったか知ってるかい」
「パパとママが、私の顔を見てたら、浮かんできたって」
「そうだね。**名前には、その人が『今回の人生はこういうことをやりたい』って、**
お空の上で決めてきたことのヒントが、畳み込まれているんだよ。
《氏名は使命》っていう言葉もあるんだ。
例えばね。『陽子ちゃん』っていう名前の人がいるとするだろう。
その名前には、『晴れの日も、雨の日も、明るい人生を送れますように。
友達や、家族、出会うみんなにとって、

暖かい日差しのような人でありますように』

っていう祈りが込められていたりするんだよ」

「そういうのって、漢字を見てたら、だいたいわかるものなのかなあ」

「そうだね。文字の意味を、いろいろと調べてみたりね。

文字の成り立ちをたどってみるのもいい。

みことちゃんだったら、漢字で書くと『命』だから、命という文字について調べてみる。ひらがなだったら、『みこと』という音の響きを感じてみる。

『みこ』とか、『こと』とか、そういうふうに、区切ってみる。

『高橋』という名字についても、同じようにやってみる。

その中で、自分にとって、ピンとくるものがあったとしたら、
そのピンとくるものが、自分にとっての正解。魂が反応してるんだよね。

名前を大切に、何度も唱えているうちに、
深いところから呼び覚まされてくる場合もある。

もし、その時、わからなかったとしても、

周りの人たちの言葉や、目にしたものからヒントがきて、
だんだん意味がわかってくる。
なぜなら、その名前は、自分がお空の上で選んできたものだから」
「そうなんだね。私、名前は、ママやパパがつけてくれたんだと思っていたよ」
「そうだよ、ママとパパがつけてくれたんだ。
そのお名前をつけてくれるように、みことちゃんが、
ママとパパにお空の上で頼んだんだよ。
そのお名前をつけてくれる親を選んだってことさ。ごらん」

「たかはしみこと」

という大きな光が、柔らかく燃え上がるように光ります。
文字の中に、立体映像が浮かびます。

小さな赤ちゃんが、小さなベッドですやすや眠っています。

「やっぱり、この子は、みことっていう名前がぴったりね」

「そうだね。みことちゃんって顔してる」

「パパー、ママー、じゃあ、この子は今日からみことちゃん？」

「みことちゃん。かわいい名前ねえ」

「じゃあみことちゃんで決まり！　よーし、出生届を出してこよう」

「みこと。命を大切に、ずっとずっと、幸せな人になるわ」

「友達からは、みことちゃんとか、みこちゃんとかって呼ばれるかな？

きっと、人気者になるね」


突然、場面が切り替わり、おうちの中が映し出されました。

「みことちゃん、ご飯よー」

ホカホカの白いご飯と、お味噌汁と、女の子が見えます。

「みことちゃん、いただきますって言って食べるのよ」

次々、場面が切り替わり、みことちゃんが大きくなっていきます。

「みことちゃん、公園行こうか」

「みことちゃん、一緒にお買い物行くかい」

「みことちゃん、行ってらっしゃい。上履き持った？」

「みことちゃん、おかえりなさい。ポテトチップスあるわよ」

「みことちゃん、お誕生日おめでとう」

「みことちゃん……」

みんなが、みことちゃんの名前を呼んでくれたそのたびに、

「た か は し み こ と」

巨大な光の文字がなんどもなんども、柔らかい炎に包まれました。


「そうだ、私は、みことちゃんなんだね。私、みことちゃんでよかったよ」

「みことちゃんは、**名前を呼ばれるたびに、**
呼んでくれた相手にも、パワーをあげてるんだよ。

ついでに言うと、みことちゃんは今回の人生、鈴木みことちゃん、高原みことちゃん、東みことちゃん、高橋みことちゃん。

そのどれかになる可能性があった。

その中で、ママとパパを見つけて、高橋みことちゃんになる人生を選んだんだよ。

名前にはね、家族はもちろん、先祖みんなの願いや、未来の子孫たちの願いも入っているんだ」

「なんだか壮大だねえ。名前ってすごいんだね」

おじさんはニコニコしながら言いました。

「でもね。途中で変えたくなったら、名前だって変えていいんだ」

「え⁉　今までの話、なんだったの……」

「ほら、結婚すると名字が変わるだろう。

漫画家さんや作家さんとかなら、ペンネームってのもある。

変えたくなったら、変えてもいいのさ。

人間は、それだけの自由と、すごい力を持っているんだ」

胎内記憶を持つ小学生、すみれちゃんと会って、食事したことがあります。

すみれちゃんは、産婦人科医の池川明先生らが出演する映画『かみさまとのやくそく』に出演。それがきっかけになって出版された、『かみさまは小学五年生』（サンマーク出版）は、ベストセラーになっています。

事前に、すみれちゃんは食べることが大好きだと聞いたので、お土産におはぎを持って行ったら、とっても喜んでくれました。チキンの炭火焼をうれしそうに食べて、スマートフォンでアイスの写真を撮るすみれちゃんは、普通のかわいい小学生にしか見えません。

ところが、すみれちゃんはポツリポツリと、かみさまからの伝言を、伝えてくれました。それはこんな内容でした。

「今回の人生は一度きり」
「幸せに、悔いのないように、生きることが大切」
「どうやって生きたとしても、守られているよ」
「家族や、人を助けたいなら、まず、自分が幸せになること。

自分が幸せになれば、そこから幸せが広がるから」

興味深かったのは、すみれちゃんがママを選んだ理由です。すみれちゃんは、ママを助けるためにママを選んで生まれたわけではなく、すみれちゃんの活動を助けてくれそうなママを選んだのだそうです。

帰り際に、ふと思いついて、僕はこんなことを聞いてみたんです。

「人が、自分が幸せになっていいと、深いところで思えないことがあるのは、どうしてだと思う？」

すると、こんなお返事をもらいました。

「うーん。それはね。

がんばり屋さんで、強がりで、私はまだまだできてないって思っているから。

努力が足りていないって思ってるから。

人と比べているから」

Episode
15
あなたがまず幸せになることで、「家族の因果」がほどけていく

白いヒゲのおじさんは、ニコニコしながら、みことちゃんに言いました。

「今、みことちゃんの住んでいる、〝地球〟のエネルギーが上がっているんだよ。

だから今、地球で生きている人たちの、夢がとっても叶いやすくなっているんだ。

みんながどんどん、『地上に生まれた理由』を思い出しているんだよね。

それは大きく分けると、3つある。

1つは、お母さん、お父さん、家族を助けるために。

1つは、試練を乗り越えて、闇を光に変えるために。

1つは、自分自身の本当の夢を叶えて、地球を愛で包むために。

それで、この3つはね。不思議な形でつながっているんだ」

みことちゃんは、地上に待ってくれている、ママと、パパと、お姉ちゃん、お兄ちゃんを思い出して、胸がじわじわ熱くなりました。

「実はこの3つのことは、おんなじことを言っているんだよね。
それは何かというと、
『あなたは、思いっきり、幸せになっていいんだよ』ってことなんだ。
『あなたは、思いっきり、愛して、愛されて、幸せでいてもいいんだよ』
ってことなんだよね」

「そっかあ……。なんだか、シンプルなんだねえ」
「そうさ。人は何回も何回も生まれ変わる。
それはね、魂を成長させて、いろんなことを味わって。
思いっきり、幸せな自分になるためなんだよ」
白いヒゲのおじさんが静かにそう話していると、突然、向こうのほうに、鮮やかな
山がうるうると盛り上がりました。
青空を背景に、濃い緑の木々。空にできたての入道雲が浮かんでいます。
目の前には、サラサラと川が流れ、一面に田んぼが現れました。

セミが鳴いています。

「うわあ〜。おじいちゃんとおばあちゃんのお家の周りみたい」

白いヒゲのおじさんが、深々とお辞儀をすると、パンパンと二度、かしわ手を打ちました。

「幸せっていろいろあるけどね、**人は本来、美しい自然の中にいる時に、幸せを感じるようにできている**」

「え、そうなんだね」

「自然はどんな人も包み込んで、癒してくれる。パワーをくれる。

人はその中で、大きな愛を感じるんだよ。

例えば、温泉。露天風呂に入った時なんかは、わかりやすいでしょ」

海辺の民宿の温泉や、キャンプ場の温泉を、みことちゃんは思い出しました。

「あー！　そうだね、気持ちいいよね。

天国みたいって、ママが言ってたっけ」

みことちゃんは、いつもがんばり過ぎるほどがんばっているママが、温泉でとても気持ちよさそうにリラックスしているのを思い出して、ほっこりしました。

と思ったら、目の前に大きな露天風呂が現れ、もうもうと上がる湯気の中、白いヒゲのおじさんが、気持ちよさそうに平泳ぎしています。

「あなたが天国だと感じたら、そこは、本当に天国になるんだよ。

みんなね、地上に天国を創る力があるんだ。

天国に天国は創れない。なぜって、もともと天国だからね。

みんな、地上に天国を創るというチャレンジをしているわけなのさ。

おじさんも温泉は大好きなんだ」

「私も、温泉で泳ぐの大好き」

「みことちゃん、日本に今いる人たちは、

豊かな自然のある場所を選んで生まれたんだよ。

名前に、自然の要素が入っている名字がとても多いでしょ」

「そういえばそうだね。
私のクラスの友達も、田とか、川とか、森とか、山とか、
木とか、名字についてる子が多いよ」

白いヒゲのおじさんはにっこりしました。
「人間1人1人の体の中にも、自然が入っているんだよ。
日本の人たちは、それを名字で表現しているんだ。
だから、何を言いたいかっていうとね、
時には、温泉に行くといいよ。
桜を見て、楽しむといいよ。
自然と触れ合うといいよ、ってこと。
そうしたら、体も心も喜ぶし、幸せをいっぱい感じられる。
それだって、生まれてきた目的の1つなんだ」
みことちゃんは、なぜか、田舎のおじいちゃんとおばあちゃんと散歩して、道端で

カブトムシを見つけた時のことを思い出しました。

おじいちゃんとおばあちゃん、何かがこぼれ出しそうな笑顔をしていたっけ。


白いヒゲのおじさんはいつのまにか浴衣姿になって、麦茶を飲みながら言います。

「自然にパワーをもらったりして、自分で自分を幸せにしてあげること。

喜びで満たしてあげること。これって、とっても大切なんだよ。

自分が幸せでいっぱいになった時、それはあふれ出して、周囲も幸せにするんだ。

湧き出る温泉みたいに、周囲の人をあったかくしたり、
元気にしたり、健康にしたりするんだよね」

「自分が幸せになれば、周りを元気にできるの？」

「そうさ。極上の温泉が、自分の中から湧き出るみたいなものなんだ」

それを聞いたみことちゃんは、必死になって聞きました。

「そしたらママも、元気になるかな？」

みことちゃんの心の中には、ずっと体調がすぐれないのに、家事をがんばっている

ママが浮かんでいました。
白いヒゲのおじさんは、力強くうなずきます。
「最適なことが必ず起きていくから、安心していいよ。
まず、自分が幸せになることで、大事な人を助けることができるんだ。
だけど、家族や両親のことで、困ったことがあると、
『自分だけが幸せになっちゃいけないんだ』と思っちゃう人が多いんだよ」
「うーん。そうなんだね」
「みんな優しいからねえ。大好きなママやパパがしんどそうにしているのに、
自分だけ幸せを感じていいのかな？　って遠慮したり、
罪悪感を持ってしまったりすることがあるんだ」

それを聞いて、みことちゃんはドキッとしました。
みことちゃんの誕生日のことを思い出したからです。みことちゃんは最初、ご馳走を食べて、プレゼントをもらって、幸せでした。ところが、途中から、ママとパパが

険悪な雰囲気になって、お兄ちゃんとお姉ちゃんが仲裁に入って……。

みことちゃんは、生きたまま引き裂かれるような気持ちになったのです。そして、ぜんそくの発作を起こして、気を失って、お空の上に滞在しているのでした。

「はあー。地上に戻ったら問題が山積み。ああ、私は、どうすりゃいいのよ」

「その気持ちはよーくわかるよ。

さっきも言ったように、まず、みことちゃんだけでも、幸せになること」

「えー？　私だけでも？　私だけが幸せになってもいいの？　どうしてよ」

「なぜなら**家族の問題は、みんなの『因果』が複雑に絡み合って起きているんだ**」

「因果ってなあに？」

「簡単に言うとね。因果っていうのは、何回も何回も、生まれ変わりを繰り返す中で、やり残してきたことだよ。

これを解決したいんだ！　っていう、魂の宿題のようなもののことだよ」

「うわっ！　宿題っていうと、嫌な感じ」

「ははは。自分が自分に出した宿題なんだよね。

『自分の魂を成長させるために、自分で設定した課題』とも言えるんだ。

そういう因果が、家族の中に、実は現れている。

それは、家族の中の誰かが、そのことに気づいて取り組めば、解消できるんだよ」

確かに、みことちゃんのママが小さかった頃、ママのお父さんとお母さんは、夫婦げんかばかりしていました。


「でもさ、なんで、因果なんてものがあるの？

だって、ママはあんなにかわいくて優しいし、パパだっていい人なんだよ。

お兄ちゃんだって、お姉ちゃんだって。なのに、家族全員が苦しんでさあ。

どうすれば、みんなの因果が楽になるの？」

みことちゃんは泣きそうになって聞きました。

「因果というものはね、計り知れないものなんだよ。

なぜなら、今回の人生だけじゃないから。

過去生で、たくさんの人を苦しめた人が、今回は、多くの人を救うこともある。

卑怯《ひきょう》な裏切りを働いた人が、今回は、裏切られることもある。
敵同士が、味方になることも、その逆もある。
過去生で積み重ねてきた才能を、今回、使い切ろうと決めている人もいる。
高貴な魂が、周囲に何かを伝えるため、障害や病気を選んで生まれる場合もある。
悟った魂が、兄弟姉妹を救うために、地上に生まれることもある。
わしらはすべての魂を尊敬している。あなたたちは、本当に偉大なんだよ。
それでね、過去生がどうだったかは、実は問題じゃない。
今回の人生をどう生きるかが大事なんだ。
今回の人生で、すべて解決することもできるんだよ」
「そ、そうなの？」
みことちゃんは胸がパッと明るくなる気持ちがしました。
「そうさ。家族の因果だってね。本当は、みんなで話し合って決めたんだよ。
家族全員で、『たましい家族会議』を開いてね。

『私は、あなたのためにこういう、お役目を引き受けるからね』

『ありがとう。じゃあ、私は、これをやるからね』って。

お互いの魂を成長させるために、自分がやれることを選んでいるんだ。

つらいお役目を引き受けてくれる魂もあるんだよ。

みことちゃんのママは今、地上で、病気や、心の中にある闇で苦しんでいるね。

ママの魂が、そのお役目を引き受けてくれたんだよ。

だから必ず、乗り越えられるんだ」

「ママが、引き受けてくれた⁉」

ママの顔が浮かんで、みことちゃんの喉に何かがせり上がってきました。

「だからね。みことちゃんは、思いっきり、幸せになっていくこと。

そうすると、絡み合った因果から、まずは自分が抜けることができるんだ。

因果が糸のようなものだとしたら、糸がぐちゃぐちゃに絡んでいる時、

それを、一度にほどくのは難しい。

でも、その中の1本でも、ほどいてすっと抜くことができたら、
そこから一気に、絡み合った他の糸まで、ほどけていくことがあるんだよ。
みことちゃんが、それをやるんだよ」
「まずは、私っていう糸がほどけるってこと？」
「そうそう！　だから勇気を持って、チャレンジするんだよ。
必ず、解消できるからね。
そして、その因果を乗り越えた時、今度は、同じような課題に直面している、
たくさんの人たちを、助けられるようになるからね。
そのためにも、まず、自分を幸せで満たすこと。自分を喜びで満たすこと。
さっきの話に戻れば、自然の中でのんびりする。
公園に行けば、四季折々の花が咲いてるからね。
温泉に行って、お湯につかる。
温泉に行けなければ、自分の家のお風呂でもいいんだよ。
お湯につかりながら、いつも一生懸命生きている、

自分の体、自分の心、自分の命に、たくさんお礼を言うといいよ」
「このあいだ教えてもらったみたいに、
『高橋みことのミコトさん、ありがとう』って言うとか？」
「そうそう！　とってもいいね。
それから、丁寧に料理を作って食べることでもいい。
ご飯は全部、大自然の恵みだからね。
海の幸《さち》、山の幸って言うでしょ。
それからね、『寝る前に今日あったいいことを書いておく』のもオススメだよ。
何があっても、自分が、神様や、天使や、守護霊さんたちに
守られていることを思い出せるからね」
「え〜！　そんなに、たくさん、守ってくれている存在がいるんだね」
「守ってくれる存在はいつもいる。
その気になれば、お話もできるよ。今度、方法を教えてあげようね」

人生では時に、「自力ではどうにも解決できないようなこと」が起き、もがき苦しむようなことがあります。

実は、それは「因果」が影響していて、次のように考えればいいのだと、ある大賢者から教わったことがあります。

「因果応報って、普通は、なかなか理解することができません。なぜなら、今回の人生だけじゃないからです。巡り巡って、何回も前の人生にしたことが、今の自分に現れていることがあるんです。じゃあ、どうすればいいか。

因果って実は、現れた瞬間に消えていくものなんです。

だから、もし、自分にはどうにもできないような嫌な出来事があった時。その瞬間、『あ、今、この現象が現れたことで、因果が消えたんだ』と考えて、因果に感謝するといい。そうすると因果が解消するんです。

信じられないかもしれないけど、本当なんです」。

この話と、みことちゃんが教わった因果のお話は、つながっているんですよね。

Episode 16

家族は「魂のお役割」を応援し合うために出会う

お空の上にいる、白いヒゲのおじさんは、上機嫌で言いました。

「じゃあね、1つ、家族でできる、楽しいゲームを教えてあげる。

これをやるだけで、自分も相手も、魂の望みが叶いやすくなる。

しかも、もっと仲良くなれるし、運気もアップしていくってゲームなんだ」

「へえ～。ゲーム？　ゲームは好きだよ!!　どんなゲーム??」

「『大好きなこと応援ゲーム』っていうんだ」

「大好きなこと応援ゲーム？　どんなことするの!?」

「簡単なんだ。まずね。大好きなことは何？　って聞いてみるんだよ」

「え、なーんだあ。大好きなことを聞くだけ？」

「コツがあるんだよ。でも、まずは、大好きな人に、
大好きなことを教えてもらうのって、それだけで楽しいからね。

例えばね、ママに、どんな果物が好き？　どんな野菜が好き？

どんな飲み物が好き？　どんな場所が好き？　何をするのが好き？

っていう具合に、聞いてみてごらん」

みことちゃんが、ぼやーんと考えていたら、突然、ママの立体映像が空中に浮かんで、うれしそうにお話を始めました。

「そうね、果物は、桃と、ブドウが好きよ。野菜ならトマト。

飲み物は、白ワインが好きね。ほうじ茶も好き。ホッとするから。

海が好き。いつか川べりで見た、打ち上げ花火も好きかな。文章を書くのが好き。

でも一番好きなのは、みことちゃん。子どもたちがだーい好き。

家族みんながにっこり笑ってる時間が好きよ」

立体映像のママは今、輝くような笑顔でしゃべっています。

病気で青ざめていた、地上のママの顔色とはまったく違います。

みことちゃんは、鼻がツンとしました。ママは最後ににっこり笑うと、まるで空気に溶けるように消えていきました。

「誰もがいつか、お空の上に還《かえ》る。

その時、その人が何を好きだったか覚えている人って、そんなに多くはないんだ。

相手が何を好きなのか知っていれば、応援できる。

文章を書くのが好きだったとしたら、読んで感想を伝えるだけでも、
応援になるんだよ」

「そう思うと、なんか、楽しそうだね」

「このゲームのステキなところはね、大好きなことについて考えている時、
お互いに、生命エネルギーが上がるんだ」

みことちゃんは急にウキウキしてきました。

「あのさ、この『大好きなこと応援ゲーム』のコツって何なの？」

そのとたん、おじさんはホイッスルを取り出して、
ぴーっ！　と、吹き鳴らしました。

「わ！　びっくりした！」

「今から、とっても大事なコツを3つ教えます！　まず、1こめ！
『〝好きっていう気持ち〟にダメ出ししないこと』」
「は、はい！」
「相手が、好きなことについてしゃべってる時、
もし、あれこれ言いたくなっても、くちばし挟まずに、にこにこ聴いてあげること！
なぜって、〝好きっていう気持ち〟は、理屈を超えた、宝物だからね。
せっかく好きなことについてしゃべってるのに
『そんなことが好きなの？』『こっちのほうがいいんじゃない？』とかって
言われたら、ハートが閉じちゃう。
相手の〝好きっていう気持ち〟に、
ただ、光を送ってあげるような気持ちで聞くこと。わかったかい？」
そういえばみことちゃんは、キノコが大嫌いなのに、バーベキューの時、〝焼き肉奉行〟のパパに
「みことちゃん、肉ばっかり食べてるじゃないか。食わず嫌いしちゃダメだ。

旬のシイタケ、炭火で焼いたらおいしいんだから、食べてみなさい！」
と言われて、我慢して食べたら、吐いてしまったことがあります。

ちょっとボーッとしていたら、またホイッスルが鳴りました。
「ぴーっ！　ぴ！　コツの2こめ！
『ときどき、好きなことを聴いてあげること！』
人の好きなことって、時とともに変わったり、進化していくことがあるからね。
だから、ときどき、聴いてあげるといいよ。わかったかい？」
そういえばみことちゃんは、お酒好きのおじいちゃんが
「実は最近、イチゴのショートケーキにハマっててね。特にここのがウマイ」
と、うれしそうにほおばってるのを見て、驚いたことがありました。

またちょっとボーッとしていたら、またホイッスルが鳴りました。
「ぴーっ！　ぴ！　ぴ！

コツの3こめ！

『自分の心にも、聴いてあげること』

好きな人が、楽しそうに話すのを聞いてたら、

自分の〝好きって気持ち〟もムズムズ動き出すからね。

こういうことがやりたいなあとか、

自分はこういうことが好きだなあってわかってくることもあるんだ。

それを、大切にしてあげること！

わかったかい？」

みことちゃんはこっくりとうなずきました。

Episode
17

離婚じたいは悪いことじゃない

「あのね、私そろそろ、帰ろうかな。みんな待ってくれているし」

「じゃあ、地上に帰る準備をしようかね」

「うん。あのね。おじさん。あのさ、おじさんにお空の上で教えてもらったこと、パパやママにも話していいかなあ」

「もちろんさ。パパやママだけじゃなくって、みんなに伝えていいからね。なんだか、最近は、そのために、臨死体験する人が多くってねえ。あれ、なんだい、他にも言いたいことがありそうな顔をしているね」

「うん。あのねえ〜。

私さ、パパとママが、もっと仲良くしてほしいと思っているんだ。

離婚だって、正直言えばしてほしくないよ」

パパがやがて家を出ていくことも、おうちの玄関に、あの大きな靴がなくなることも、その時、胸の中ががらんどうになったように感じることも、みことちゃんは知っているのでした。

「みことちゃんの、その気持ち、おじさんにはよくわかるよ。

みことちゃんは、その気持ちを、パパとママに、素直に伝えることができるよね」

「そ、そうだよね。お話、してみようかなあ」

「そういう行動で、運命が変わることってあるからね。

人間の内側には、小さな神様がいる。大逆転できるパワーを持っているんだ」

おじさんは、みことちゃんの背中に、そっと手を置いてくれました。

「ただね。みことちゃん。家族って、たとえ離れても、家族なんだよ。

魂が約束して出会ったんだからね。

みことちゃんの家族は、今回の人生の前も、家族をやっている」

「ええ!? そうなの?」

「そうだよ。アジアの国にみんなで暮らしていた」

その瞬間、みことちゃんの中に、不思議な光景が一瞬で浮かんで消えました。

それはのどかな田園風景でした。白い木の生えている庭。素朴な家。

パパとママがいます。顔は違うけど、瞳が同じなので、すぐわかりました。

この過去生でのパパは、仕事で失敗したのをきっかけに、お酒をたくさん飲んで、体を壊しています。

過去生のママは、生活が苦しいことでパパに文句を言いながら、看病しています。

「ママとパパは今回の人生の逆をやってるんだ」とみことちゃんは気づきました。

小さな弟と妹が足元で遊んでいます。

その子たちの目を見ると、あ！　みことちゃんの、お兄ちゃんとお姉ちゃんです。

この過去生のみことちゃんは、もう働いていて、鮮やかな織物を織っていました。

みことちゃんの稼いだお金で、なんとか家計が回っているようです。

やがて、この過去生のみことちゃんは、ステキな男の人と出会い、将来を誓い合います。

そんな時、戦争の足音が忍び寄ってきました。

男の人は兵隊になって、去っていきました。

ある満月の夜。
爆音が空から聞こえてきます。
燃え上がる家。
燃え上がる織物。
そのすべてが、まぶしい光の中に溶けていきました。

みことちゃんはクラクラして倒れそうになりました。
おじさんがみことちゃんを支えてくれます。
「縁のある魂は、何回も出会うんだよ。
今回の人生で、家族が離れて暮らしたからって、つながりが切れるわけじゃない。
それとね。離婚じたいが悪い出来事というわけじゃあないんだよ」
「そうなの？　私、離婚って、悪いことなんだとばっかり思いこんでたよ」
「魂からすれば、離婚という出来事に、〝いい〟も〝悪い〟もないんだよ。
離婚をした夫婦が、そのことでずっと苦しんだり、罪悪感を持ったりする必要はゼロなんだ。
ましてね、両親が離婚したからって、
子どもが、自分を責めたりする必要は全然ないんだ。
お互いに別の道でもっと魂の成長をしようねって、
応援し合うために離婚することだってあるんだよ」
「でもさあ、私、パパとママがけんかしているのが、すごくつらいんだよ」
お姉ちゃんは、「ママとパパのせいで、試験に集中できない」とぼやいています。
お兄ちゃんは、「パパも、ママも、大人なのにバカだ、小さな子（みことちゃん）
にけんかを見せるなんて！」と怒っているのです。
「両親がけんかばかりしていたり、悪口を言い合ったりしていたら、
それはみんなにとって、幸せとは言えない。
変な話になるけれどね。家の中に、いつもおならが充満してたら嫌だろう？
それも、とびきりくさいやつ」
そう言っておじさんが、「ぷい～」とおならを1つしました。

不思議と、バラの香りが漂ってきます。

みことちゃんは思わず笑ってしまいました。

「やだあ。おうちの中が、おならだらけだったら、毒ガス工場みたいだよね」

「おうちの中に、けんかや悪口や愚痴が充満しているのは、おならや毒ガスより悪いんだよ。

それは、じわじわと、みんなの心や体にたまっていく。

体の具合が悪くなることもある。

それからね。子どもって、大きくなった時、知らないうちに、両親の好きな面も、嫌な面も、お手本にしてしまうことがある。

それが先祖から子孫へと、代々続いてしまうことさえあるんだ。

もちろん、自分は絶対にやらないぞ！　って決めることもできるけどね」

「うん。私はもう決めてるよ」

「そうだね。気がついた人は、マイナスの連鎖を止められるんだよ。

実はママもパパも、魂ではわかってる。

このまま、パパとママが、お互いに、感謝や尊敬を忘れたまま、
無理に一緒にいたら、よくない因果になってしまうんだ。
なぜって、魂は、地上を愛でいっぱいにするために生まれるんだからね。
いがみ合ったりするために生まれるわけじゃない。
お互いに歩み寄って、仲良くできないのであれば、
お互いを痛めつける選択はしなくてもいい。
離れてもいいんだよ。
苦しみや悲しみの方向に、自分から向かっていくことはない。
自分に優しくしていいんだよ」
「じゃあ私は、おうちに戻ったら、どうすればいいの？」
「パパとママが離婚しても、離婚しなくても、
みことちゃんは、幸せになっていい存在なんだ。
どんな時も、『私は、私の花を咲かせていい！』って忘れないことだよ。
つらいことがあったら、そのことを思い出してね。

ちょっとでも楽しくなれる方向に進むこと。

そして、自分と同じように、パパとママのことを、
見てあげることができたらいいね。

離婚って道を選んだとしても、それは、2人がこれから、
ステキな花を咲かせるためなんだなって。

そうやって見てあげると、そうなっていくからね」

「おじさん。あのね」

「なんだい」

「いろんな家族がいるでしょう。

全部の家族が、いつか、みんなで笑い合える日が、くるかなあ」

「うん。きっとくるよ」

Episode
18

喜びを通じて「魂の成長」は達成できる！

「あのね、おじさん、私、さっきからちょっと疑問に思うことがあって。

魂の成長ってさ、試練がないと、絶対にできないの？」

「そんなことはないよ」

「じゃあさ、離婚とか、病気とかがなくても、魂って成長するの？」

「もちろんだよ。日常の出来事を経験していくだけでも、魂は成長していくよ」

「ああ、よかった！」

「何かにチャレンジして、達成していくっていうのは、素晴らしいことさ。

だけど、成長するために、苦労とか困難が必要だという思い込みを、
自分自身で持っちゃう必要はない。

そう思い込んでると、かえって、苦労とか困難を呼び込んでしまうことがあるからね。

人間の意識の力って、それだけ強いんだ。

もしも、『魂の成長って大変だ』っていうような思い込みがあったとしたら、
それを手放して、『魂の成長って簡単だ』って新しい価値観に変えてもいい。
それは、自分の魂に、新しい、すごく大きなプレゼントをあげることになるんだ」
「そうかあ。私、簡単なほうがいいなあ」
「だったら、オススメだよ。厳しい道でもやさしい道でも、どっちでもいいんだ。
あのね、高いところにある神社にお参りする時に、
〝男坂〟と〝女坂〟がある場合があるんだ。
男坂っていうのは、坂がきつい。
女坂っていうのは、坂が緩やか。
坂を登っていくと、どっちも、おんなじところに着く。
どっちでも選べるんだよね。
魂の成長って、別に修行じゃあないからね。
楽しみながら、喜びの中で成長してってもいいんだよ。
そのほうが、ずっと楽だし、労力も節約できるからね。

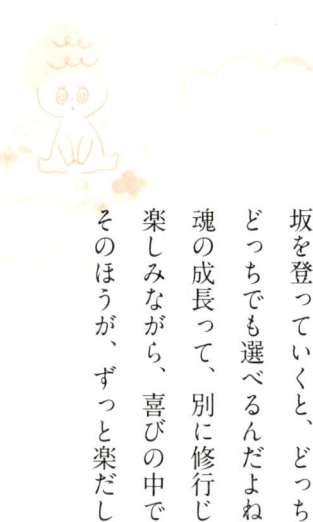

今、地球のエネルギーがどんどん上がっている。
これからは、魂の成長っていうような素晴らしいことや、
1人の人、人類、命全体にとって大切なことだって、
もっともっと簡単に実現していってもいいんだ」
「そうなんだあ。なんか、いい話を聞いちゃった気がしてきた。
じゃあさ、どうすればいいのかな？」
「そうだね、もし『ああ、もう、今までみたいな苦労や試練は必要ないな、
もう、飽きたなあ』って思ったらね、この言葉をただ言ってごらん。

私は、喜びを通じて、魂を成長させます。

この言葉を、寝る前に、気がすむまで言ってみるといいよ。
価値あることを成し遂げるからって、無駄ながんばりや苦労はしなくていい。
本来やるべきことが果たせないほど、くたびれきっちゃう必要はない。

逆境を設定して、それを乗り越えなきゃいけないってこともない。
中にはね、苦労するのが好きな人もいるけどね、
これからは、魂の使命を達成するのってすごく簡単！　楽しい！
そんなふうに、心の設定を変えちゃう人が増えていく」
「そうかあ。
『私は、喜びを通じて、魂を成長させます』
『私は、喜びを通じて、魂を成長させます』
『私は、喜びを通じて、魂を成長させます』
こんな感じでいいの？」
「そうそう。物事がさっさか進むと、心配になっちゃう人がいるんだよね。
『こんなにうまくいくはずがない』とかってね。
そう思ってると、そうなっちゃうんだよね。
ビックリするほどうまくいったって、別にいいんだよ。
だって、みんなそれだけ価値ある魂なんだ。

大変だからこそ、やりがいもある！　っていう価値観を持っている人は、
自分がわざと遠回りしてないか、
自分を幸せにすることから逃げていないか、
大量の燃料を無駄に使ってないか、よく見てみるといいかもね」

みことちゃんは、しかめっ面をした小さな蒸気機関車が、大量の真っ黒なケムリを吐き出しながら、ノロノロ走っているのを思い浮かべ、プッと吹き出しました。

「確かに、エネルギーがもったいないよね」
「もし、省エネのほうがいいなあと思ったら、いつでも変えられる。
自分で決めると、あとは、周囲の人や、天使や精霊や守護霊や、
見えない存在がみんな協力してくれるからね」

すると、さっきの蒸気機関車が、急にニコニコ顔に変わり、キラキラの金のケムリ

を出しながら、サーッと快適そうに走っている様子が、みことちゃんの心に浮かびました。その周りに金色の小鳥たちが飛んでいます。

「それで、もしたった今、何か、困難な状況が目の前にあるとしたら、
なぜ、自分の魂は困難を経験しているのか、
深いところから観察してみるといいね。
自分でパッとわかることが多いよ。そして
『私は、喜びを通じて、魂を成長させます』
と何回も唱えるといいよ。
そうすると、今、困難な状況にいたとしても、
喜びながら乗り越えていく、知恵や勇気が湧いてくるからね」
「これは、いいこと聞いちゃった気がするよ!!」

Episode

19 ソウルメイトと出会う方法

「あのね、おじさん。私さ、生まれる前に、お空の上で、お姉ちゃんとお兄ちゃんと、会っているんだよ」

「おお、みことちゃん。そのことは、覚えているんだね？」

「うん。2人ともさあ、すっごく顔が輝いてたのも、覚えてるよ。『今回は僕たちが、お姉ちゃんとお兄ちゃんになるよ』って言ってたんだよね」

「魂のご縁が深いと、何度も、同じ国の、同じ地域で生まれたり、人生のある時期を、一緒に過ごしたりするんだよ。家族になったり、友人になったり、仕事仲間になったり、夫婦になったり」

「ほえーっ！　そうなんだねえ」

「これを地上では、『ソウルメイト』なんて呼んだりすることもある。魂の仲間、っていうような意味なんだ」

「私も、ソウルメイトって言葉は、知っているよ。漫画で読んだんだ。ソウルメイトか。でもさ、お姉ちゃんはだいたい優しいけどさ、お兄ちゃんはよく、憎たらしいこと言うんだよ。本当にすぐ言うんだよね、みことちゃんの悪口。デブだとかさあ。それで私が怒ると今度は、『イノシシだー、逃げろ！』って言うんだよ」

「イノシシねえ」

「ニヤニヤしないでよ。それとかね、お兄ちゃんはよく、『みことちゃんばっかりズルイぞ』とかって言うんだよ」

「うん、みことちゃんが、お兄ちゃんやお姉ちゃんより、イチゴやブドウをたくさん食べたりした時だね」

「うーん。でもさ、私、妹なんだから、いいじゃんって思っちゃうんだよ。そういえばね、お姉ちゃんは、漫画を貸してくれないことがあるんだよね。他のことでは、かなり優しいんだけど。私、漫画が一番大好きなのにさあ」

「ははは。それで？」

「どうして、ソウルメイトなのに、そういう嫌なことするわけ？」

「そう思うかい。じゃあ、これ、見てみるかい。

ちょっと極端な例だけど、極端なほうがわかりやすいってこともあるからね」


そう言って、おじさんがパッと手を振ると、あたり一面が、夕暮れ時のような神秘的なオレンジ色の光に包まれます。ずっと向こうに、突然、スポットライトのような、細く白い光が差し込みました。その白い光の中に、ひざまずいて、手を合わせている人がいました。

声が響いてきます。

「どうか、今回の人生で、私の魂をもっと成長させてください。

私の言葉や振る舞いが、たくさんの仲間のともしびとなりますように。

私の足跡が、子どもたちの道しるべとなりますように。

どうか、お力添えをお願いします」

よくみると、その人の周りには、たくさんの人がいます。

でも、誰も、答えようとしません。

「どうかお願いします！　どうか！」

その人は、言葉を絞り出すように言いました。

すると、すっと進み出た人がいます。濃いオレンジ色の夕闇の中で、進み出た人にも光が当たり、みことちゃんはまぶしくて目を細めました。

進み出た人はよく響く声で
「私がお引き受けします。全力でやらせていただきます」

と言いました。

急にあたりが明るくなります。見渡す限り、お空の上を埋め尽くしている人たちは皆、立ち上がって、割れんばかりの拍手を送りました。

その真ん中で、２人は、しっかりと抱きしめ合っています。

みことちゃんは、２人の背中に、白い翼が見えたような気がしました。

白いヒゲのおじさんが手を振ると、すべては消えて、元通りになりました。

「おじさん、今の何？」

「あの2人は、強い信頼で結ばれたソウルメイトなのさ。彼らは地上で、約束を果たすんだ。見てごらん」

そう言っておじさんは、空の下を指差します。

そこで、みことちゃんが見たものは……。

信頼していた友人の手ひどい裏切りにあって、そのショックで病気になって、さらに、仕事もお金も、仲間からの信頼も失って、生死の間をさまようという、まさに大ピンチに陥った人の人生ストーリーでした。

彼の友人は、その人の大切な仕事や、最愛の恋人を奪ったばかりか、よくない噂を流して、彼を社会的にほうむろうとしたのです。

「うわあ～。何これ、見てらんないよ。ひどい話だねえ！」

みことちゃんがそう言うと、空の下の映像はパッと消えてしまいました。

「そう思うよね。でもね、彼は、ここから立ち直るんだ。

そして、たくさんの人を力づける活動をしていくんだよ」

「ああそうなんだ、ホッとしたよ」


「ところで、彼と、彼を裏切ったあの友人が、誰だか、みことちゃんは、わかるかな？」

「えーっ⁉ わからないわよ。でも、まさか、さっきの夕焼けのシーンが、前振りだとしたら……」

「そうだよ、その通り。彼らは空の上で約束を交わし、その約束は果たされた。彼の友人は、親友を裏切るという役目を引き受けたんだ。よくない〝因果〟を背負うのを承知の上でね。天高く飛ぶ翼を失うかもしれないって知っていたけれど、愛する友のために、引き受けたんだよね」

「うわあー、何それ、嫌だあ。じゃあ何。あんなにひどいことをしたのに、ソウルメイトだっていうの⁉」

「そうさ。それもとびきりのやつだよ。まあ、極端な例だけどね。でも、こんなことって、たくさんあるんだよ」

「なんかあ、私、ビックリだよ。私のお姉ちゃんや、お兄ちゃんなんて、優しいもんだね。ソウルメイトっていったい……」

「ソウルメイトってね、さっきも言ったけど、家族のこともあるし、夫婦や、恋人ってこともある。職場の仲間だったり、さっきみたいに友人だったり、いろいろな形で現れてくれるんだよ。懐かしい人たちさ。

ネガティブな形で現れるソウルメイトもいるし、

最高に楽しくてハッピーなソウルメイトだって、もちろんいるんだ。

だから安心していいよ」

そう言われて、みことちゃんはちょっと、ほっとしました。

「ポジティブもネガティブもあるけど、両方とも、主にこういう特徴があるんだ」

と、おじさんが手を振ると、目の前にどでかいホワイトボードが現れて、光る文字が勝手に現れ、ネオンみたいにピカピカ点滅しました。

ソウルメイトの特徴

・人生の岐路で一緒にいてくれる
・人生で深く関わって、応援してくれる
・人生でともに何かを創り出していく
・新しい生き方の「スタートのベル」を鳴らす
・その出会いから幸せが増えていく

「へえーっ！　幸せが増えていくんだ？」
「ソウルメイト同士の出会いによって、
たくさんの人が幸せになる魔法が働くんだよ。
例えば、ソウルメイト同士で家庭を作ったりね。
会社をやったり、仕事のプロジェクトをやったり。
芸術でも、音楽のグループを作ったりとかね、いろんなケースがある。
ポジティブでも、ネガティブでもそう。約束してるんだ」

「うーん、そうなんだね。
それなら私は、気楽なソウルメイト、楽しいソウルメイトだけと会いたいや。
恋人や、友達や、兄弟だって、本当に嫌だってなったら、もう会いたくないもん。
すごーく嫌な奴だったら、しっしって追い払いたいくらいだよ」
「もし本当にそうしたいならね。相手が誰だって、そうしたっていいんだよ。
それがダメってわけじゃないんだ」
「そうなんだ。まあ、私、お姉ちゃんや、お兄ちゃんのこと、大好きだもんね。
じゃあさ、おじさん、私、質問を変えるよ。
楽しく笑い合えるようなソウルメイト、大好きって思えるソウルメイトとはさ、
どうやって出会えるのか教えてほしい」
「なるほど、それはいい質問だ。
1つには、みことちゃんが
『愛でいっぱいの状態で生きようとしている時』に現れてくれるよ。
楽しい時。うれしい時。幸せな時。大好きなことをしている時。

自分の命を大事にしている時ってことだよ。
それからね、誰かや何かに対して、湧き出る温かい気持ちを感じている時。
親切にしている時。思いやりを示している時。
他者を愛して、大事にしている時だね。
つまり、自分を愛して、他を愛してる時。
自分はこの地球でやることがあるんだ！ って思い出して、
自分の魂の望みを果たそうとしている時に、
ソウルメイトは現れてくれる。気づき合える。
でね、オススメしたいのは、
自分と共通する夢や趣味を持ってる人と、積極的に交流してみること。
そうすると、魂のご縁の深い仲間と出会えることが多いんだ。
『あ、ここにいてくれたんだ』って気づくことも多いよ」
「じゃあさ、例えば私は、漫画を読んでればいいし、漫画を描いて、
誰かに読んでもらったら、もっといいってことになるわけ？

漫画好きの友達作ったりしてさ。それってなんか、お得！　って感じだなあ」
「うまくできてるだろう。うんと楽しく生きるといいんだよ。
それからね、もう1つある。
自分がどん底にいる時に、風のように現れて、助けてくれる人がいる。
あなたが、傷ついてくじけそうになった時。
そっとそばにいて、支えてくれる人。その人もソウルメイトだからね」
「そっかあ〜」
みことちゃんは、白いヒゲのおじさんもソウルメイトなのかなって思いました。
「私は、ママを助けるために生まれた。
じゃあ、私は、ママのソウルメイトってことになるわよね」
「その通り。1つ、いいこと教えておいてあげようね。
『ソウルメイト充電』ってものがあるんだ」
「ソウルメイト充電!?」
「ソウルメイトと一緒にいるだけで、どっちも気持ちが満たされる。

お互いに、気を遣い合っても、疲れない。
自然体でいられて、心も体も元気になるのさ」
「ふーん。ポジティブなソウルメイトの場合よね、それって。
いいもんだねえ。
他に、見分け方みたいなものはあるの？」
すると、おじさんがホワイトボードを指差します。
明るい色の文字がピカピカ光りました。

ポジティブなソウルメイトの5大特徴

- **なぜか、ウマが合う**
- **なぜか、目で追ってしまう**
- **なぜか、得意なことが似ている**
- **なぜか、夢が似ている**
- **なぜか、共通の知人がいる**

「ま、こんなところだろうね」

「へぇ〜っ!!! じゃあ、ネガティブなほうは?」

おじさんがコクッとうなずくと、ガラッとホワイトボードの文字が切り替わります。

さっきよりも明るい、ド派手な文字が光っていました。

ネガティブなソウルメイトの5大特徴

- **なぜか、気にさわる**
- **なぜか、許せない**
- **なぜか、つらくあたってくる**
- **なぜか、一番嫌なことを言ったり、やったりしてくる**
- **なぜか、嫌いなのにそばにいる**

「あー、もう、わかったよ。ネガティブなソウルメイトには、

私は近寄らないようにしようっと」

positive
soulmate
negative

「自分の好きなようにしていいんだよ。

ただね、これも言っておこうかな。

実は、家族や職場とか、避けられないようなところに、
ネガティブなソウルメイトがいることも多い」

「はあ～。おじさん、ときどき、ガクッとくること言うわよね」

「わかっていれば、対策をとれるってことさ。

なかなか避けられないところにいるからこそ、真剣に取り組まざるを得ない。

そのぶん、魂が向上するってことさ」

「なるほどねえ」


みことちゃんは、その時、なぜか、パパとママがけんかしている姿が思い浮かんだのです。あの2人は、ああやって、魂の約束を果たしてるのかしら……？

嫌になっちゃうよ。

Episode
20

あなたも「守護霊さん」とお話しできる!

「こないださぁ、守護霊さんとお話できる方法があるって言ってたでしょ」

「そうだよ。誰でもお話できるよ」

「守護霊さんって、ほんとにいつでも守ってくれているの?」

「そうだよ。今この瞬間も守ってくれているよ。

みことちゃんが、今回の人生で、
一番ステキなことを体験できるように、みんな応援してくれているんだ」

「ステキなことを? そうなのね。

じゃあさ、ちょっとひねくれた質問かもしれないけど。

しんどい時とか、悲しい時はどうなの?

私、守護霊さんから見放されちゃっているのかなあ? って
思ったことが何回かあるよ。

腹が立ったり、悲しくて泣きたくて、もう嫌だよーって、時とかさ」

その瞬間、みことちゃんのすぐ側に、輝くように美しい、いいえ、文字通り、光り輝いている、とても髪の長い女の人が現れました。日本の着物のような服を着ていま
す。みことちゃんは飛び上がらんばかりに驚きました。

「こんにちは、みことちゃん」

心の中に澄んだ鈴のような声が響き渡ってきました。

「あの、あの〜」

「いつでも、あなたのことを見守っていますよ。あなたのことが大好きですよ」

まるで昔話の「かぐや姫」のような女の人です。

黒々とした長い髪の毛が、不思議と、まるで生き物のように波打っています。

「いつでも一緒にいますからね。

あなたの生きたいように思いっきり生きてくださいね」

そう言うと、その女の人は、スーッと近寄ってきて、みことちゃんのことを抱きし

めてくれました。とても温かくて、いい香りがします。

みことちゃんは胸の奥がホワッとほどけました。

「これからもずっと一緒ですよ」

そう言うと、みことちゃんの目の奥をとても優しい目で見て、頭をナデナデしてくれて〝かぐや姫〟は、細やかな光の粒になって消えていきました。

「よかったねえ。目に見えるように出てきてくれた」

「あの人が私の守護霊さんなの？」

「そうだよ。たくさんいるんだけどね。みことちゃんは、５００人ぐらいかな」

「ええーっ！　５００人もついてくれてるの？」

「人によって人数は違うけどね」

みことちゃんは、自分の周りに５００人もの守護霊さんがいつもいる様子が思い浮かんできました。

みことちゃんが歩くと一斉にその５００人も行進します。

みことちゃんがお部屋にいる時はその５００人がぎゅうぎゅう詰めです。みことちゃんが悩んでいる時は、その５００人も「ああでもない、こうでもない」と、なんだかわあわあ大騒ぎになっています。

すると心の中で「かぐや姫」さんが、「大丈夫よ」とささやきます。とたんに大騒ぎは静まりました。


おじさんは、ニコニコしながら言います。

「いつも見守ってくれている、彼女みたいな守護霊さんもいればね、仕事の面倒を見てくれたり、才能を伸ばしてくれる存在もいたりするんだ。指導霊とか、いろんな名前で呼ばれてるけどね」

「いろんな種類の守護霊さんがいるわけ？」

「そうさ。ある意味では、みんな、みことちゃんの分身だと言ってもいい。せっかくだから呼んでみようか。おーい、みなさん」

白いヒゲのおじさんが呼びかけると、目の前にたくさんの人が突然現れました。男の人も女の人も、お年寄りもいれば小さな子もいます。

みんなニコニコしています。

「あ、かぐや姫さん！」

ほほえんでいる「かぐや姫」の隣には、ベレー帽をかぶって、絵筆を握って、パレットを持って、いかにも絵描きふうの人がいます。

「絵を描くのが好きな人には、絵描きの守護霊さんがついてくれている」

「うわあ〜！　そうなの？」

ドキドキしながら見渡すと、みことちゃんは、みんなに会ったことがある気がして、懐かしい気持ちが湧いてきました。よく見ると、背中に黄金の羽がある背が高い存在や、漫画や映画に出てくる宇宙人のような存在もいます。


おじさんが「パンパン！」と拍手を打って、深々とお辞儀をしました。

すると突然、５００人全員が、大合唱を始めました。歌詞は一度も聞いたことがない言葉で、メロディも聞いたことがありません。

みことちゃんは体中の命の一粒一粒が喜んでいるような感覚に襲われました。

気がつくと、みことちゃんも一緒に歌っていたのです。

一瞬の間に、長い長い時間が過ぎて、歌声と一緒に、光のつぶつぶが、あたりに広がっていきました。それはやがてお空の上いっぱいに広がり、地上にも雨のように降り注ぎました。おじさんがまた、パンパンと拍手を打つと、すべては幻のように消え去りました。

みことちゃんは、悲しくもなんともないのに、ほっぺの上に涙が流れていたことに気がつきました。

「彼らはね、みことちゃんがオギャアって生まれた時から、死ぬ日まで、ずっと見守ってくれている。

ああやって歌うようにして、ずっと守りの力で包んでくれている。

今回の人生だけじゃない。ずっとご縁があるんだよ」

「あのさぁ」と言いながら、みことちゃんはほっぺをぬぐいました。

「あの守護霊さんたちと、私がお話をしたくなった時は、どうすればいいの？」

「簡単だよ。まずね、こう唱えるんだ。

『守護霊さん、いつもお導きお守りくださり、ありがとうございます』

『守護霊さん、今日もお導きお守りくださいますよう、お願いします』

言葉に出してもいいし、心の中でもいいからね。

そうすると、困った時やつらい時に、必ず助けてくれるからね。

出口がないように思える時も、絶対に、明るいほうに導いてくれるから」

「そうなんだあー」

みことちゃんは、あの大合唱や、「かぐや姫」の温かさ、いい香りが、常に自分のことを包んでくれていると思うと、深く深く安心できる気がしてきました。

「信じることが大事なんだ。守護霊さんや神様が、あなたのことを見放すってことは絶対にないからね。

信じるってことが、一番のお守りになるからね」

楽しくなってきたみことちゃんが、ちょっとふざけた調子で
「信じる者は救われる〜」

と言うと、おじさんはこっくりとうなずきました。

「それは、本当なんだよ。
それからね、いいアイデアや、直感がひらめく時があるよね」
「えっと、漫画のアイデアとかが浮かんでくる時とか？」
「そういうアイデアなんかはね、自分の魂の声ってこともあるし、
彼らがヒントを送ってくれてることがある。
みことちゃんがね、自分がワクワクすることをやっている時や、
たくさんの人のお役に立とうとする時に、
守護霊さんたちもワクワクして、手伝ってくれるんだ。
一生懸命、何かに打ち込んでいる時、いいやり方を教えてくれることもあるよ」
「ふうーん。仕事とか、家事とか？」
「そうだね、家事が大好きな守護霊さんっているからね。
掃除はいいね。特に拭き掃除はいい。
食べる人のために、おいしいお料理を作っている時とかね。
お茶を入れている時。お皿洗いしている時とかもね」

「そうなの？」

みことちゃんは、ママが具合が悪い時に、お皿を洗うことがよくありました。結構、いい加減に洗うこともありましたが……。

「できる範囲でいいのさ。

それから、お風呂に入ってホッとしてる時。

シャワーを浴びたり、湯船につかったりしている時。

守護霊さんのほうに心を向けてごらん。メッセージをくれることがあるよ。

お風呂といえば、みことちゃんはお風呂に潜るのが好きだね」

「よく知ってるわね。潜ってから出ると、何だかさっぱりするんだよ」

「水の中に潜っている時なんかも、メッセージを受け取りやすいよ。

あとは、夜、眠る時や、朝、目が覚める時に思い浮かんだことは、
守護霊さんからのメッセージってことがある。

夢の中で話しかけてくることもあるから、
覚えているメッセージは、書き留めておくといいよ」

「なんだか、しょっちゅう話しかけてくれてるってこと？」

「そうさ。人によって受け取り方に特徴があるんだけどね」

「受け取り方？」

「例えば、声が聞こえてくる人。映像が見えてくる人。

匂いをかいだり、味で感じる場合もあるね。

ざわざわと鳥肌が立ったり、おなかで感じるってこともある。

なぜか答えがわかる、って場合もある」

「ふうーん。私はどれかなあ」

「何日か、観察してごらん。

守護霊さんからのメッセージを受け取りやすい形がわかってくるよ。

それから、ここぞっていう時はね、深呼吸もいい方法だよ」

「深呼吸？」

「何か答えが欲しい時、静かな場所で座って、背すじを伸ばして、
ゆっくりと息を吐き切る。そして、ゆっくりと吸う。それを繰り返す。

A
B

その時、目を閉じて、まぶたの裏を見てみると、
いろんな光や色や映像が見えたり、人によっては、文字が見えたりすることもある。
音の向こう側に、耳を澄ましてみてもいい。周りのいろんな音の向こう側に、
すごくシーンとした静かな世界があるからね。その世界に耳を傾けてみるんだ」
「へぇーっ！　おもしろいね」

「答えがほしい時、困った時。
『守護霊さん、いつもお導きお守りくださり、ありがとうございます。
今日もお導きお守りくださいますよう、お願いします』って唱えてね。
『私によくわかるようにメッセージをください』って付け加えてもいいんだ。
そうすると、ふと目にした本とか、ブログとか、街の看板、
テレビの出演者の言葉とか、身近な人の言葉を通じて、
ヒントをくれることもあるからね。
偶然に見える出来事を何回も起こしてくれて、導いてくれることもあるよ。

それでね、ぜひ、覚えて帰ってもらいたいことがあるんだ」

「ん？　なあに？」

「守護霊さんはね、守っている人のことを、脅かすことは絶対にないってこと」

「脅かす？　脅かすって、それ、どういうこと？」

「つまりね、みことちゃんを怖がらせたり、悲しみのどん底に突き落としたり、不安がらせたり、プンプン怒らせたりするようなのは、守護霊さんのメッセージじゃないってことさ。

守護霊さんの声は、必ず優しくて、温かくて、思いやりがあって、勇気をくれる。励ましをくれる。自分を明るい方向に持っていってくれるんだ」

「そうなんだあ！　じゃあ、何かをストップしたほうがいい場合も、そっちに行かないほうがいいよって、優しく教えてくれるってこと？」

「そうそう。なんとなく、やめたほうがいい気がする時も、守護霊さんに聞いてみるといいね。それをやめたらどうなりますか？　ってね。

やめたほうが気持ちが明るくなったり、軽くなったり、ホッとする気がする場合は、やめて正解！　ってこと」

「そっかあ。わかった、これで私も、守護霊さんとバッチリお話しできるね」

「最後に、とっておきの方法を教えてあげようね」

「なになに？」

「みことちゃんは自然の中を歩くのが好きだよね。

自分が気分がいいなって感じることをする時に、
守護霊さんたちも気分がよくなって、いろいろ教えてくれるからね。

だから、気分がいいなあって感じることを、生活の中で増やすこと。

なかでも、自然の中を歩くのはとてもいいんだ。

でね、その時、かわいいなって感じるお花さんを見かけたら、
お花さんに話しかけてみる。好きだなあって感じる、
大きな木があったら、そっと触りながら話しかけてみる」

「え、ちょっと、恥ずかしいなあ」

「そうかい。やってみると、お花さんや、木が、答えを返してくれるからね。

山に話しかけてもいい。星や月に話しかけてみてもいい。

きれいな川や、澄んだ湖に行ったら、水面を見つめてみるのもいいよ。

海に行ったら、水平線や、波や、潮風を感じてみてもいい。

水は、見えない世界と見える世界をつないでいるからね。

きっと、胸がパッと開く感じがすると思うよ」

「それで、きれいな水辺に行くと、なんとなく、いい気分になるのかなあ」

「そういうこと。ゆったり流れる、お空の雲に話しかけてみるのもいい方法だよ。

雲には、龍神様や、魂や、精霊がいることもあるからね」

「おおーい！　雲よ！　って感じで？」

「ははは、そうそう」

前世療法を行う医師の萩原優先生（30ページ参照）によると、患者さんは催眠中に、「マスター」に会う経験をすることが少なくないそうです。「マスター」とはその人を日々導き、守っている存在。催眠状態の中で、患者さんは守護霊、指導霊、天使、亡くなった家族などに、光の世界で出会います。そしてその存在から、「大きな愛」やメッセージを受け取り、目が覚めた時から、病気が快方へ向かったり、人生が好転したりするのだそうです。

霊的な存在には種類があって、人生全般を守護するのが、いわゆる守護霊さん。主に仕事に関して導いてくれるのが指導霊。指導霊は、その人の仕事への熱の入れようや、力量によって入れ替わるそうです。一体ではなく、例えば大会社の社長さんなどは、数百〜数千人（霊）という霊的存在が守っているのだそうです。そんなことを、取材の際に、複数の霊能者から聞いてきました。

ある時、こんなことがありました。部屋でくつろいでいたら、突然、「ステキな美女」が視界にズームインするように現れ、ニッコリと笑いかけてきたのです。誰だろう？　どこかで会ったことがある気がします。黒髪で、親しみの持てる顔立ち。大きな黒目、長身の「ステキな美女」は僕に「大丈夫よ」と言いたそうな顔をしています。

目が覚めたら、僕はインフルエンザと肺炎を併発し、40度を超す高熱にうなされていたのでした。

それから数年後、お空の上のことを覚えているすみれちゃんに会いました。すみれちゃんは、人の守護霊さんが見えることもあるとのこと。

「あのステキな美女は、僕の守護霊さんなのかな？」と尋ねてみたのです。

すると、すみれちゃんは「うーん。西田さんの周りに今、そういう女性がいっぱいついていて、どの人だかわかりません」とのこと。笑ってしまいました。でもそれ以来、生活がより楽しくなったのは確かです。

誰にでも守ってくれる存在がたくさんついていてくれている。本当でしょうか？

「本当です。だから安心して、思いっきり生きてくださいね」と、今「ステキな美女」が、空中でニッコリ僕に笑いかけてくれているのでした。

Episode
21
お金は神様のインスピレーション

「おじさん、本当にありがとうね。最後に教えてほしいことがあるんだ。

それは、お金のこと。これから、パパとママが離婚するでしょう？

そのあとね、パパもママも、お金でかなり苦労するんだよ。私、わかるんだ」

みことちゃんは、お空の上にいる間、その人の過去や、未来にあることの可能性が、パッと見えるのです。

ママは、体調が回復せず、仕事を見つけるのにも、続けるのにも、かなり苦労する未来があります。パパはパパで、離婚してからなぜか、仕事で成績が思うように上がらなくなるという未来があるのです。みことちゃんは、今住んでいる、住み慣れたお家を出て、うんと古くて狭い別のおうちに引っ越すことがわかっていました。

「お金のことだね。いいよ、なんでも聞いてごらん」

「私はね、お金持ちになりたいんだよね。それで、ママやパパを助けたい。

それにさ、すっごいお金持ちになったらさ、困っている人たちの力にもなれるよね。
どうやったらお金持ちになれるの？」
「簡単だよ。その前にね、いいかい。
目標を、『お金持ち』じゃなくて、『幸せなお金持ち』にすることが大切だよ」
「あ、そうか。お金があっても、不幸せだったらつまらないもんね。
じゃあね、幸せなお金持ちになるには、どうすればいいの？」
「まず大事なことはね。
『幸せなお金持ちになる』って決めた時点で、そうなる未来の可能性が開ける」
「えっ？　そうなの？」
「今の時代は、『お金のこと』と『人間関係のこと』、
この2つを学びたくて生まれる魂がとても多いんだよ。
でね、幸せなお金持ちになるには、お金のこと、人間関係のこと、
どちらも達人になる必要がある。
だから**まず最初に、幸せなお金持ちになるって決める。**

つまり、お金の達人、人間関係の達人になろうって決めること。

そうしたら、そのための情報や出会いを、宇宙が運んできてくれる。

守護霊さんたちも手伝ってくれるからね。

幸せなお金持ちって聞いて、『自分なんか無理だ』って思っちゃう人は多いんだけど、なるんだって決めれば、必ずなれるからね」

「そうなんだね。わかったよ、私は決めた！

じゃあさ、具体的な、そのね……お金儲けのテクニックっていうの？

へへ。なんかある？」

「あるよ。それはね、**お金は『ありがとうの掛け算』で増えていく。**

だから自分の活動の中に、『ありがとう』をたくさん集めることだよ」

「ありがとうの掛け算？　お金の掛け算じゃなくって？」

「ありがとうの掛け算をしていれば、自然と幸せなお金持ちになっていくんだ。

まず、お金を稼ぐ時。

稼ぐ時に、自分の『ありがとう』を増やすこと。

稼ぐ時に、お客さんからの『ありがとう』を増やすこと」

「お客さんからの『ありがとう』を増やすってのはわかるなあ。
人気の漫画家さんは、いい漫画を描いて、いっぱいコミックスが売れたり、
テレビや映画になったりして、たくさんの読者から『ありがとう』を集めてるね。
年収何億円もあるってテレビで見たよ。それはなんとなくわかる。
でも、お金を稼ぐ時に、自分の『ありがとう』を増やすって、どういうこと?」
「その仕事をやれることに、喜びや、ワクワク感、
ありがとうって気持ちがどれくらいあるか、ってことさ。
自分が自分に『ありがとう』って思えるかどうかって、すごく大事なんだ。
同じようにね。
仕事に『ありがとう』、仕事仲間に『ありがとう』、
お客さんに『ありがとう』っていう気持ちを持って仕事をできるならば、
自然とうまくいく。
もしそのうちのどれか1つでも、『ありがとう』『楽しい』『うれしい』って

思えないならば、質の高いものをお客さんに提供するのは難しい。
お客さんからの『ありがとう』も集まらない」
「そうか、掛け算ってことは、1個でも『ありがとうゼロ』だとしたら、
掛け算したら、ゼロになっちゃうもんね」
「そういうこと。だから、大好きなことを仕事にして
『喜びグルグル』の状態を作るのが大事なんだよね」
「あ、そうかあ。そうすればお金はあとからついてくるって言ってたもんね」
「お金は、本来、『感謝のたくさんあるところ』に集まるって性質があるんだ。
なぜなら、お金はもともと感謝を交換し合うために生まれたものだから。
お金って、神様のインスピレーションで生まれたんだよ。
純粋なエネルギーなんだ」
「へえ〜。わかったよ。
じゃあ、お金を稼ぐ時に、『ありがとうの掛け算』をすればいいのね」
「もう1つ、**お金を使う時にも、『ありがとう』を増やす**ことが大事だよ」

「お金、使う時にも？」

みことちゃんは、ドキッとしました。買い物をする時、お小遣いが減ってしまうので、渋々払うことがあったのです。

「これから自分がお金を払う時にね。

『このお買い物ができるお金があってうれしいな、好きなものを買えて楽しいな、ありがたいな』

っていう気持ちを込めて、『ありがとう』って言いながら払うといいよ」

「あ、それくらいならできそうだよ。よかったあ」

「でね、なるべく、本当に心からありがとうって思えることにだけ、お金を使うこと」

「無駄遣いするなってこと？」

「本当の喜びや、自分の成長につながることのためにお金を使うことが大事なんだ。それからね、お金を払うとお店の人が、『ありがとうございます』、って言うよね？」

「八百屋さんでさ、まいどあり、とか言ってくれるよね」

「みことちゃんがお金を使うと、相手の人はお金が入ってきて、そのぶん、暮らしが豊かになる。

そのお金で、そのお家の子どもの消しゴムを買えたりする。

お金を使うのって、相手の生活を助けてあげることにもなってるんだよ」

「そうかあ。そう思うと、お金っていいものだね」

「お金はエネルギーだからね。お金はいいものだと思えば、いいものになる。

お金は悪いものだと思えば、悪いものにもなるんだ。みことちゃんは心配いらないよ」

「やったあ！　これを押さえておけば、幸せなお金持ちになれるのね？」

「なれるとも。それとね。

今の時代、平和な日本に生まれたってだけで、チャンスも多い。

世界の中ではとても恵まれた地域なんだ。どこかで覚えておくといいね。

もう1つ、幸せなお金持ちがやっていることがある」

「なになに？　それなあに？」

「それは、次世代の応援。未来を担う子どもたちの応援だよ。彼らの多くは、
次世代の子どもたちが自分の人生を力強く歩めるように、お金を寄付したり、

社会的な活動をやっているんだよね。こっそりやっている場合もある」
「私も、赤い羽の共同募金に寄付したりしているよ！　50円とかだけど」
「自分ができる範囲でいいんだ。自分が困っちゃうほどやることないからね」
どこからともなく、無数の「黄金の羽」が降ってきました。みことちゃんが見とれていると、それはキラキラ輝きながら、地上へと降りて行きました。
「命は永遠のバトンリレーをしている。
だから、次の世代の子どもたちを応援することが、宇宙の意志に沿っていることを、
彼らはよーく知っているんだよね。そういう人には、
宇宙からの応援がさらに入るようになっているってこと。
自分が喜ぶ。人が喜ぶ。地球が喜ぶ。
これからの時代の幸せなお金持ちは、
地上に喜びがグルグル巡る仕組みを作っていく人さ。
実際にうまくいっている、幸せなお金持ちに会ったり、
本を読んだりして、学ぶといいよ」

お金は自分の夢を叶えるための力になってくれます。お金があれば、そのお金で、愛する人を助けることができます。

では、お金はどんな人のところに集まってくるのか。

それを考えた時、いつでも思い出されるのが、日本一の個人投資家、資産100億円以上とも言われた、平成の花咲爺《はなさかじじい》、竹田和平さんです。

竹田和平さんは、「タマゴボーロ」で有名な竹田製菓を経営され、「お菓子の城」というテーマパークを創設。若手経営者の育成にも熱心でした。

10年以上も前になりますが、「幸運財布の作り方」というテーマで取材に伺った時、和平さんは、こんなお話を聞かせてくれたのです。

「お金を欲しがる気持ちもわかりますが、お金より大事なのが徳です。お金は徳の一部です。徳はお金にもなるし、ほしいものにも変わる。徳を積んでいると、会いたい人に会える。福が勝手に寄ってくる。それで私は〝貯徳《ちょとく》〟を提唱しています。貯金よりも貯徳が大切なんですね。

徳といえば、花咲爺です。

花咲爺は、枯れ木に灰をまいて花を咲かせ、人を喜ばせます。

意地悪爺《いじわるじじい》は、殿様の目に灰を入れて立腹させてしまった。

2人の違いは徳のあるなしです。徳というのは、人の心に何を与え、どれだけ喜ばせたか。人を喜ばせて生きるなら、徳があります。『相手を喜ばせたい』『喜んでもらえてありがたい』という思いがあれば、なんでもうまくいく。きっと来世も、徳を持って生まれることができるでしょう。

人間は、人を喜ばせると幸せになるようにできています。

『貯徳』する一番簡単な方法は、『ありがとう』を増やすこと。そうすると人からありがとうと言われる生き方が自然と身につきます。そういう人は人にもお金にも好かれ、お金を得た時は、徳のあるお金の使い方ができるでしょう」

初対面の若い編集者に、4～5時間も「神様」「真心」「徳」のお話をしてくださった和平さん。優しい笑顔や、その奥にある情熱、気迫が忘れられません。

Episode
22
ママがとびきり元気になった日の話

みことちゃんは、お空の上の白いヒゲのおじさんにいろんなことを教わって、それをしっかり地上で生かしていくことを決めました。

「これから何があっても乗り越えていこう。それが結局は大好きな家族の幸せにつながるんだから、自分が幸せに生きよう、夢を叶えよう」と決めたのです。

そうすることで、みことちゃんがお空の上で選んだ3つのプレゼント、つまり、「試練」(病気、両親の離婚)、「なぜかワクワクする気持ち」、「ソウルメイトとの出会い」が全部、生かせることもわかりました。

自分が漫画家になるのか、それとも、〝夢の実〟の果樹園で見たように、文章を書くのか。それはわかりませんが、とにかく、何か表現をしていくことになるのでしょう。漫画を描くのも、文章を書くのも、みことちゃんは大好きです。

自分の病気や、家族のつらい経験を乗り越えたことは、きっと、漫画や文章の中に生かされて、誰かのお役に立つはずです。

お姉ちゃんやお兄ちゃん、そして、将来出会うソウルメイトと、きっと楽しい共同作業をしていくに違いありません。

何より、お空の上で白いヒゲのおじさんに教わった内容を独り占めしてやろう、なんて気持ちは、みことちゃんには、ちっともありません。自分がまず実践するし、ご縁のある人に、ちゃんと分かち合っていこうって決めたのです。


「それはもう決めたから、いいんだけど」と、みことちゃんはつぶやきました。

家族がどうなっていくのかが、やっぱり気になる。

「ちょっとだけ！　ちょっとだけね、見ちゃおうっと」

見えてきた未来では、残念ながら、ママとパパの離婚は食い止めることができませんでした。これは、もう決まっているのでしょう。

見ていると、みんな、狭くて古いおうちに引っ越して、一時的にお金の苦労も味わうし、ママの体調がかなり悪化する場面もありました。

「負けるな、私！」と、お空の上から、みことちゃんは叫びました。

地上のみことちゃんはいつでも、できるだけ、幸せで元気でいる自分を選んでいました。一時的に入院することもあったけれど、おじさんから教わった「とびきり元気になる5つのコツ」を一生懸命やったのです。

親友もできて、意外なことに中学では水泳部に入ったりして、ぜんそくはだんだん出なくなっていきました。

そして、お姉ちゃんやお兄ちゃんと力を合わせて、ピンチを乗り越えようと、がっちりチームを組んで進んでいきました。洋服も新しいのはなかなか買えないし、キャンプもディズニーランドも行けないけど、きょうだいみんなが、自分がやりたいことに向かって、きちんと歩んでいく道を見ることができたのです。

離婚した後、パパに会うこともできています。

何より、ママが病院に行き始めて、一進一退しながらも、ちょっとずつ元気になって、仕事も楽しそうにやっているのが、とてもうれしいことでした。

「ママ〜！　よく元気になったよね！　すごいよ！」

そう思って、もうちょっと先の未来を、詳しく見てみました。

すると、ママはいいお医者さんに診てもらったのもあるのですが、何より、ある「事件」が、回復の大きなきっかけになっていることがわかりました。

離婚して数年後に、地方で暮らしているママのお父さんとお母さんと、ママと、みことちゃん、お兄ちゃんお姉ちゃんで、温泉旅行に行ったのです。

実は、みことちゃんが、「ちょっと豪華な温泉に行きたい！」と騒いだのでした。おじいちゃんおばあちゃんに、スポンサーになってもらったわけです。

温泉宿でご飯を食べた後、ママは勇気を出し、「これが最後のチャンスかもしれないから」と、ママのお父さんとお母さんに、ずっと言いたかったことを伝えたのです。

子どもの頃から本当につらかったこと。怒っていたし、悲しかったし、うらんだこと。

でも、今は、育ててもらったことに感謝していること。

弟が死んでとても悲しかったこと、「心のカゼ」や離婚で苦労したこと。でも、今は、絶対幸せになろうと決めて、子どもたちと幸せに暮らしていること。

すると、言葉少なにうなずいていた、ママのお父さんお母さんは、涙ながらに、「小さい頃、つらい思いをさせてごめんね」とママに謝ったのです。

ママのお父さんも、お母さんも、それぞれ育ってきた家庭で、両親の仲違いや、お金の苦労があったそうなのです。だからこそ、結婚して仲良しの家庭を作りたかったのに、なぜかけんかばかりしてしまった。

離婚も考えたけれど、なんとかここまで過ごしてきたと教えてくれました。

「だけど、信じてほしい」と声を振り絞るように、老夫婦は言いました。

「何よりの宝物は、生まれてきてくれた子どもたちだった」と。

ママと、ママの弟を、今も心から愛していると。そして、孫がかわいくてたまらないと。

ママと、ママのお父さんとお母さんは、涙と鼻水でぐしゃぐしゃでした。

みことちゃんも、お姉ちゃんも、お兄ちゃんも、その全部を見届けました。

そして、おじいちゃんおばあちゃんに、お小遣いをたっぷりもらいました。

その日を境に、ママは元気になって、ついに「心のカゼ」を乗り越えました。

もちろん、みことちゃんが白いヒゲのおじさんに教わった「とびきり元気になる5つのコツ」もやってくれたし、やりがいのある、いい仕事にも出会ったのです。


みことちゃんは、お空の上で飛び跳ねました。

「よーし、やってやるぞ！」と叫んだのです。

「宇宙ってよくできているんだね。私、いい漫画を描いちゃうからね。って、どんな漫画を描くのかな」と、自分の未来を見てみようとしたら、なぜか、見ることができません。白いヒゲのおじさんが笑います。

「あんまり全部わかっちゃったら、つまらないだろう」

「それもそうだね」

ふと、みことちゃんは、パパがどうなったかを見ていないことに気づきました。何気なく地上を見てみたら……意外な場面を目にすることになったのです。

両親と心で和解することで、人生が劇的に好転する

みことちゃんのママは、不思議な形で元気になることができました。

実は、心理学で、両親との関係は、人生にさまざまな形で影響を及ぼすことがわかっています。

自分の親と和解することで、体調、メンタル、仕事、お金、パートナーシップまで好転することさえある。そんな話を取材したこともあります。

チャック・スペザーノ博士が創始した「ビジョン心理学」という心理学によると、

・父と和解すると「仕事、お金、社会的なこと」が好転する

・母と和解すると「パートナーシップ、家族、恋愛」が好転する

という傾向があるそうです。

僕の周囲でも、両親との関係がよくなった途端に、パートナーができたという話や、収入が上がったという話は少なくありません。

では、すでに両親が亡くなっている人はどうすればいいのでしょうか？

その場合は、心の中で、両親の人生をイメージしてみて、両親が歩いた道

のりや、どうして両親はあのような人物になったのか、どんな感情を抱きながら生きたのかを思い浮かべていくだけで、変わり始めるそうです。

先日、ある直感能力者はこんなことも教えてくれました。

「例えば、親とすごく仲が悪くて、その親が、死んでしまった時には、仲直りしようにも、できないわけです。

また、たとえ死んだ親でも、まだ許せない、そんなこともあるでしょう。

ところが実は、亡くなった後でも、親は、あなたをどこかから、ずっと見守ってくれているんです。

それは、空に現れます。

空を見上げた時に、ハート型の雲があった。

虹がかかった。きれいな夕日をみた。

そういう時、実は、『あなたのことをずっと見守っていますよ』と、見えない世界にいる親が、メッセージを送ってくれていることがあるのです」

Episode
23

みことちゃんが生まれた日

みことちゃんはそわそわして言いました。
「さあ、それじゃあ、私、そろそろおうちに帰るとしようかな」
「そうだね、そうするといい」
白いヒゲのおじさんはニコニコして、みことちゃんを見ています。
「ところで、おじさんはさぁ、私がおうちに帰っても、
ワンコのオジサンの中にいてくれるんでしょう」
「もちろんだよ。みことちゃんが思い出す時にいつでもね。
話しかけてごらん」
「ありがとう。すごく心強いよ。
それでさあ、私ね。このまま帰ってもいいんだけど、
やっぱり、おじさんに、『本当のこと』言ってほしいのね」

「ん？　なんだい？」

「おじさんから、言ってくれたらよかったのに。

おじさん。

ううん、パパ。

いつから、白いヒゲのおじさんとパパ、一緒にいたわけ？」


みことちゃんがそう言った瞬間に、白いヒゲのおじさんの姿が、みことちゃんのパパの姿と二重写しになりました。

次の瞬間、ぽん！　と音を立てて2人に分身し、白いヒゲのおじさんが「ばあー」と言って現れ、みことちゃんのパパが「バレちゃった」と言いました。

「やっぱり、みことちゃんにはわかっちゃったね！」

と白いヒゲのおじさんがニコニコしながら言います。

みことちゃんのパパは、

「ですねえ～」

と言って、みことちゃんに向き直ると、

「あのね、これには訳があってね。パパから頼み込んで、白いヒゲのおじさんと、ちょっとだけ、一緒にいさせてもらったんだよね」

「ふうーん。そうなんだね。どうして内緒にして、こそこそしてたわけ？」

「そ、それはねえ……。ほら、パパもさ、おじさんの話をみことちゃんと一緒に聞いて、よーく勉強したかったからさ」

「そうなの？　勉強？　なんかさ、ちょっと変だなって思ってたんだよ。だって、おじさん、みことちゃんのこと、やけに細かいことまで知ってるしさ。あの踊りもさ。パパ、マイケル・ジャクソン大好きでしょ。家の中でも、ぽう！　って言って踊ってるじゃない。なんか、パパっぽいなって。盆踊りとかも、踊るのが大好きだしさ」

するとおじさんが「ぽう！」と叫び、あのポーズをとって言いました。

「なんのなんの、おじさんは、みことちゃんのことは何でも知ってるのさ。みことちゃんのことだけじゃない。

で、マイケルのことも盆踊りも、わしらは本当に好きなんだよ。

みことちゃんのパパと趣味が合うんだよね。ねーっ？」

パパは、口をモゴモゴして黙っています。


「もう。あのね、パパさあ……。

私が、ぜんそくで気を失った時に、『私の命と交換っこでも、この子を助けてください』みたいなこと言ってたでしょ。

気持ちはありがたいけど、そんなことしてほしくないんだよ。

離婚したっていいからさ、死なないでよ。

パパはパパで幸せになって、ママはママで幸せになって、ちゃんと長生きしてほしいよ。体に気をつけてよ」

パパは泣いているような、笑っているような表情になりました。


「私さあ、さっき、ママの未来を見た時ね。

ついで、って言ったらなんだけど、パパの未来の1つを見ちゃったんだよね。
パパ、離婚した後、おうちを出ていったでしょ。
私さ、その後の未来でパパに会う時、パパのことを、おじさんって呼んでた。
なんて呼べばいいか、わからなくてさ。ごめんなさい」
「いいんだ、パパこそ、ごめんね。会えるだけで幸せだったよ」
「それでさ、そのあとさ、ママは元気になってった。
それはよかったんだけど、今度はパパが病気になってってさ。
早く死んじゃう未来を見たんだよ。
嫌になるよ。離婚してから数年後?
あっという間だったよね。あれはパパの魂が決めたの?
私は、そういうふうにならないでほしい」
パパは黙っています。
みことちゃんはパパに駆け寄って、パパの胸をどんどん叩きました。
「生きてよ！　生きてよ！　パパのバカ！」

パパはゴシゴシ目のあたりをふいています。
「ありがとう。今ここにいるのは、『その未来』で死んだパパなんだ。
でね、白いヒゲのおじさんに頼み込んだんだよ。
もう1回みことちゃんに会いたい。
お空の上に遊びに来る、みことちゃんに会わせてほしいってさ。
本当にパパはバカだったねえ。
みんなを幸せにしたかっただけなんだ。
だけど、やり方がちょっと違ったんだね。本当にごめん」
みことちゃんの背中に白い翼が輝いています。
「パパは一生懸命生きたんでしょう。
みんなのことを愛してきたんでしょう。
同じように自分のことを愛してよ。楽しく生きてよ。
自分が幸せに生きることが大切だって……。
白いヒゲのおじさんのお話、私と一緒に聞いて勉強したんでしょう!

白いヒゲのおじさんはさ、『今回の人生を卒業してもいいし、もう1回、今の人生を生きてもいいし、選べる』って言ってたじゃない。だからさ、パパもやり直せばいいじゃない！」

パパは「えーっと……そうだけど」と言って、頭をかいています。

ニコニコしながら2人のやりとりを見ていた白いヒゲのおじさんが言います。

「お取り込み中だけど、ちょっといいかな。

さっきから、みことちゃんと、パパが話してることだけどね。

ま、いいんじゃないの、どっちでも」

「えーっ⁉」

「いやいや本当に、どっちでもいい。

生き直してもいいし、死んでも大丈夫。

何度でもやり直せるからね。ただ、言いたいのはね。

今回の人生の中で、何度でも、生まれ直せる。

本当にね、みんな、毎日、生まれ直しているんだ。
気づいた時、たった今から、自分がどうしたいか、運命を選んでいいんだよ」
「ああ、そうですよねえ。
やっぱり私は、やり残したことがたくさんあるなあ。
今のところ、手術中に死んじゃったことになっているから、
手術を受ける前あたりに戻ろうかなあ」と、パパがポツリポツリと言います。

「そうしてよ。あのね、私はさ、ちょっと考えたんだけどね。
お誕生日の日に、ぜんそくで気絶したところに戻ってもいいんだけどさ。
もう1回、同じみことちゃんとして、赤ちゃんとして、生まれることにしようかな。
もう1回、赤ちゃんで生まれて、うんとママとパパを助けたい。
お兄ちゃんやお姉ちゃんといっぱい遊びたい。
漫画をいっぱい読んで、一生懸命、描きたい。
楽しいお話を考えたい。

みんなでキャンプに行きたい。
姿勢をよくしたり、バランスよく食べたり、
いいウンチしたりして、もっと元気になりたい。
学校の勉強はまあまあやって、ミス・ネガティブ先生をバカにするのはやめる。
そうやってさあ、ちょっとずつ違う運命にしてみたい」

白いヒゲのおじさんはニコニコしています。
「みことちゃんはこれまでの人生で、いいことをいっぱいしてきた。
だから、好きなところへ生まれていいんだよ。
同じみことちゃんとして、もう1度、生まれたいんなら、そうしてもいい」
「私がいなくなった世界の、パパやママやお姉ちゃんお兄ちゃんはどうなるの？
ここにいるパパは違う世界へ戻るの？」
「細かいことは気にしない。心配しなくていいよ。
どっちにしても、悪いようにはならないからね」

白いヒゲのおじさんは、みことちゃんのパパを見て、その肩に手を置きます。

「では、パパさんは、地上に愛を増やしてきてください。

いろんな出会いが待っていますし、お役割が待っていますから。

本当にわしらは、みなさんを尊敬しています」

パパはこっくりとうなずき、「みことちゃん！　愛しているよ！」と言って、光の粒になって消えていきました。

おじさんは、今度はみことちゃんに向き直ると言います。
「最近は、みことちゃんみたいに、
同じ人生の中で、生まれ変わりを選ぶ人も多くてね。
これからますます、目覚めた魂が増えていくよ。
地上には、お空の上のことや、自分が何をするために生まれたのか、
覚えている子どもが増えている。

大人たちも、自分がなぜ生まれたのかって気づき始めているんだ。その人たちはみんな、救い主なんだよ」

おじさんは空中に不思議な図形を描き、その中から本を取り出しました。

おじさんは本を手にとって、パラパラッとめくって、あるページを開くと、よく響く声で読み上げました。

「さあ、よく聞いてくださいね。今このページを開いて、この文字を読んでいるあなたが、その人です」

「え？　おじさん、何のこと？」

「いや、こっちの話。さぁ、みことちゃん、時は満ちた。もう行っても大丈夫だよ」

「やったー！」

ぴょんぴょんとみことちゃんは飛び跳ねます。

「もう生まれてもいいですか？」

「ああ、いいとも。家族みんなが待ってるよ。プレゼントはもう持っているね」

「うん！　行ってきます！

私、幸せに生きる。

みんなを幸せにしてくるよ！」

元気よく言うと、みことちゃんは雲の下へ飛び降ります。


鉛色の空を突き抜けて、光が降りてきました。

「ああー！　生まれそうだよ！」

「うーっ！　あー!!」

「ママ、がんばれ！　がんばれ！」

「お兄ちゃん、お姉ちゃん、さあ、もっと、うちわであおいであげて。

お父さん、お母さんの手をしっかり握ってあげてください。

お母さん、もう少しですよ！

赤ちゃんはもう頭が見えていますからね」

「ママがんばれ！　赤ちゃん、がんばってー！　もう少しだよ」

「あー!!」

「オギャア！　オギャア！」

「あー、生まれた！」

「あー！　かわいい！」

「女の子ですよ。元気な赤ちゃんですね！」

「かわいい！」

「ああ、生まれてきてくれてありがとう。ママ、ありがとう！」

「ああーよかった！　……赤ちゃん、生まれてきてくれてありがとう。

みんなありがとう」

おしまい

おわりに

本書を最後まで読んでくださったあなたに、心から感謝申し上げます。

物語の原稿チェックを終えて、あとはこの「おわりに」を書くだけの今日。なぜか、ほぼ10年ぶりに、ぜんそくの症状が出てきました。

小児ぜんそくだった時に「死ぬかもしれない。どうしてこんなに苦しいんだろう」と思っていました。大きくなって、結婚して、我が子にも自分と同じ症状が出た時は、本当に悲しい気持ちになりました。

ただある時、「自分は小さい頃、ぜんそくがあったことがきっかけで、本が好きになったんだなあ」って気づいたんです。寝ながらたくさん本を読めますからね。健康への強い関心を持てたのも、ぜんそくのおかげです。

全部が絶妙に「ミックスジュース」と化して、自分の仕事に導かれたんだなあって、今となってはわかります。実は、魂が決めていたのかもしれない。

話を戻すと、ちょうど、ぜんそくが出た今日は「さそり座の新月の日」。さそり座は「死と再生」を司る星座です。「死と再生」。これは、僕の人生のテーマなのかもしれない。僕だけではなく、今この時代を選んできた、多くの仲間たちのテーマなのかも……。そう直感しました。

今までの僕だったら、何日か寝て、症状を鎮めようとしたと思います。でも今回は違うやり方ができる。新しい人生を選べるって知っています。

ブログを書いた後、鎌倉の海に行き、サーフボードの上に立ってオールで漕いで進むSUP（サップ）というスポーツを楽しみました。だいぶ沖に出て、疲れたので、ボードの上にあぐらで座り、太陽の光を浴びて輝く海と、海と溶け合う空、遠くに見える日本の大地、そこに暮らす命に、この本を書かせてもらったお礼を言いました。

そしてパワフルな「言霊《ことだま》」を唱えました。ヨガの師匠から教わった「四弘誓願文《しぐせいがんもん》」です。あらゆる困難を遠ざけ、幸せを呼ぶ効果があるという言霊ですが、その意味だけ書くと「生きとし生けるものが、幸せ、健康、平和でありますように」。

すると見渡す限り、海の水面から光の粒が、サイダーの泡のように飛び散って、空に天使や見えない存在たちが駆け巡り、大地がゆったり鼓動し、すべてが呼吸しているのを感じました。鎌倉の魚が何匹も跳ねて、銀色のおなかがギラッとひらめくのを見せてくれました。

気づいたら、サーフショップで注意されていたのに、強く吹く北風にかなり沖まで流されていました。力いっぱい漕いで、海岸に戻りました。

今日また1つ、小さな「死と再生」を体験したのだと思います。まだやりたいことがある。会いたい人がいる。だからあの大地に戻ろう……って思えたのです。

この本はみなさまに書かせていただきました。パートナーの田宮陽子さんに心から感謝します。ブログで発表していった時、驚くほど強い反響と応援をいただき、胎内記憶の実例も多数お寄せいただきました。そのエッセンスも物語に反映させていただいています。この場を借りて御礼申し上げます。貴重な言葉を掲載させていただいた池川明先生、萩原優先生、山川紘矢先生・亜希子先生、いんやくりおくん、すみれちゃん、アラン・コーエンさん他、すべての存在に感謝します。永岡書店の佐藤久美さん、編集協力の西島恵さん、イラストレーターのきどふみかさん、デザイナーの清水真理子さん、装丁の渡邊民人さん、ステキな本にしてくださって、心から感謝します。

僕の美しい守護霊さん、大自然に感謝します。

白いヒゲのおじさん、みことちゃん、みことちゃんの家族に感謝します。

すべての家族の幸せをお祈りします。子どもたち、愛しているよ。


さて、白いヒゲのおじさんの教えに従って、本書の印税の一部を寄付させていただくことにしました。寄付したお金がどこに使われているのかが透明なところがいいなと思った時、「ルーム・トゥ・リード」を思い出しました。マイクロソフトの幹部だった方が始めた団体で、世界各地に子供たちの図書館を1万以上設立しています。必要な本と愛が、あまねく行き渡りますように。

すべての息子たち、娘たちが、自分の道を力強く歩めますように。

今日も命にありがとうございます。

鎌倉にて　西田 普

西田 普 Nishida Amane

1972年生まれ。早稲田大学卒業。心と体の健康雑誌、月刊『ゆほびか』編集長を務めるとともに、季刊誌『ゆほびかGOLD 幸せなお金持ちになる本』の編集長を兼務（ともにマキノ出版）。書籍やムックの企画・編集も手がけ、シリーズ累計発行部数は300万部を突破。2019年に独立して新会社を設立し、インターネットマガジンを創刊。毎日更新している健康・開運をテーマにしたブログが、反響を呼び、アメーバ人気ブログランキング「自己啓発ジャンル」で1位を獲得。2018年10月よりアメーバオフィシャル、プロフェッショナル部門になり、月間225万アクセスを集める。物語創作をライフワークとし、本書が初の書籍となる。

Blog「自然に還ると、健康になるでしょう。」https://ameblo.jp/toru-nishida/

◎本書の印税の一部は、国際NGO「ルーム・トゥ・リード」
(http://japan.roomtoread.org/about_us/ourstory/index.html)
に寄付をさせていただきます。

Staff

装丁／渡邊民人（TYPEFACE）
本文デザイン／清水真理子（TYPEFACE）
イラスト／きどふみか
校正／くすのき舎
編集協力／西島　恵
編集担当／佐藤久美

あなたがお空の上で決めてきたこと
～みことちゃんの物語～

著　者　　西田 普
発行者　　永岡純一
発行所　　株式会社　永岡書店
〒176-8518 東京都練馬区豊玉上1-7-14
代表　03-3992-5155　　編集　03-3992-7191

DTP　編集室クルー
印刷・製本　クループリンティング

ISBN978-4-522-43675-2 C0076